... dass in Kalifornien, USA, Rechtsanwälte das Erlernen der Transzendentalen Meditation als berufliche Fortbildung anerkannt bekommen?

...dass Ärzte in Schottland ebenfalls das Erlernen der Transzendentalen Meditation als berufliche Fortbildung anerkannt bekommen?

...dass laut einer großangelegten Studie der schwedischen Regierung Ausübende der Transzendentalen Meditation wesentlich seltener psychisch erkranken als der Bevölkerungsdurchschnitt?

...dass eine Studie der japanischen Regierung zu dem Ergebnis kam, dass Transzendentale Meditation die geistige Gesundheit von Industriearbeitern verbessert?

...dass in St.Louis, USA, jugendliche Straftäter auf Bewährung freigelassen werden können, wenn sie TM erlernen, weil sich in über 20 wissenschaftlichen Studien zeigte, dass Straftäter, die TM ausüben, wesentlich seltener rückfällig werden, gesünder leben und schneller resozialisiert werden können?

GESUNDHEIT
AUS DEM SELBST:
TRANSZENDENTALE
MEDITATION

Dr. med. Wolfgang Schachinger / Dr. med. Ernst Schrott,
Gesundheit aus dem Selbst:
Transzendentale Meditation nach Maharishi Mahesh Yogi
© J. Kamphausen Verlag & Distribution GmbH, Bielefeld
info@j-kamphausen.de / www.weltinnenraum.de

4. Auflage, 2005

Die Deutsche Bibliothek – CIP-Einheitsaufnahme

Ein Titeldatensatz für diese Publikation
ist bei der deutschen Bibliothek erhältlich.

Typografie, Satz und Umschlaggestaltung:
Wilfried Klei
Herstellung: Fuldaer Verlagsanstalt

ISBN 3-933496-42-X

Dr. med. Wolfgang Schachinger
Dr. med. Ernst Schrott

GESUNDHEIT AUS DEM SELBST: TRANSZENDENTALE MEDITATION

Transzendentale Meditation (TM) ist eine einfache,
leicht zu praktizierende Methode zur psychisch/
körperlichen Regeneration und hat sich als umfassendes
Präventionsverfahren millionenfach bewährt.
Sie ist ein Weg zu mehr Freude und Erfolg im Leben.

Dieses Buch ist nicht für Diagnose, die Erteilung
ärztlicher Verordnungen oder zur Behandlung bestimmt.
Auf keinen Fall sollten die in diesem Buch enthaltenen
Informationen als Ersatz für die Untersuchung und
Beratung durch einen Arzt betrachtet werden.
Bei konkreten Erkrankungen fragen Sie Ihren Arzt
oder Psychologen.

Einleitung
EIN UNERSCHÖPFLICHES POTENTIAL IN UNS 9

Kapitel 1
ZUGANG ZUR INNEREN QUELLE DER GESUNDHEIT 13

Kapitel 2
DER INNERE ARZT 23

Kapitel 3
IM SELBST GEGRÜNDET 29

Kapitel 4
**WIE MAN DAS VOLLE GEISTIGE POTENTIAL
ENTFALTET UND NUTZT** 43

Kapitel 5
GESUNDER GEIST, GESUNDER KÖRPER 59

Kapitel 6
TM IN JEDEM LEBENSALTER 107

Kapitel 7
MEDITATION UND MANAGEMENT 121

Kapitel 8
TM UND RELIGION 131

Kapitel 9
MAHARISHI MAHESH YOGI UND DIE TM-BEWEGUNG 137

Kapitel 10
DIE WELT IST MEINE FAMILIE 145

Kapitel 11
WIE ERLERNE ICH TM 157

Kapitel 12
FRAGEN UND ANTWORTEN 169

ANHANG 187
Übersicht der Anwendungsmöglichkeiten der TM
Die Autoren
Empfohlene Bücher
Adressen
Danksagung

*„Die Transzendentale Meditation
bringt die Energie des Individuums
unmittelbar mit der des kosmischen
Lebens in Übereinstimmung.
Damit ist sie ein Weg zu vollkommener
Gesundheit und in dieser für die
menschliche Zivilisation so kritischen
Zeit eine Gabe des Himmels."*

Maharishi Mahesh Yogi

EIN UNERSCHÖPFLICHES POTENTIAL IN UNS

Wenn Sie, lieber Leser, dieses Buch über Transzendentale Meditation (TM) zur Hand nehmen, dann werden Sie Ihre eigenen Erwartungen haben. Als spirituell Suchender erhoffen Sie einen einfachen Weg nach innen, der Ihnen Frieden, Glück und Erfüllung bringt.

Als Student brauchen Sie möglicherweise eine Entspannungsmethode zum Stressabbau und zur Verbesserung Ihrer Lern- und Merkfähigkeit.

Bekannte Spitzensportler benutzen diese wirksame Technik, um sich fit zu halten und sich mental auf den Wettkampf vorzubereiten.

Mehr als zehntausend Ärzte weltweit haben die TM erlernt, um sich täglich von ihrer Arbeit zu regenerieren und empfehlen sie ihren Patienten mit Kopfschmerz, Migräne, hohem Blutdruck oder einer anderen Gesundheitsstörung.

Bekannte Künstler meditieren mit Erfolg nach der TM-Methode und haben ebenso Gewinn für ihre Arbeit gezogen wie namhafte Wissenschaftler, Staatsmänner und Politiker, Arbeiter, Lehrer oder Priester.

Maharishis Transzendentale Meditation – kurz TM – ist heute weltweit ein fester Begriff geworden. Über 6 Millionen Menschen aller Länder, Berufe, Altersstufen oder Glaubensrichtungen haben sie erlernt, jeder aus einem ganz persönlichen Blickwinkel und Anliegen.

Kann es aber ein einziges Verfahren geben, das alle — so völlig verschiedenartige und doch berechtigte — Bedürfnisse von uns Menschen befriedigt?

Die Antwort kann nur lauten: Eine Meditation, die den Namen verdient, *muss* alle diese Bedürfnisse erfüllen: Verbesserung der Gesundheit, Freilegung und Entfaltung geistiger Fähigkeiten, Unterstützung für beruflichen Erfolg, privates Glück und spirituelle Entwicklung. Denn so verschieden unsere Wünsche und Sehnsüchte auf den ersten Blick auch erscheinen mögen, sie haben einen gemeinsamen Ursprung und eine verbindende Grundlage: *Es ist unser innerstes Selbst, die stillste Ebene unseres Bewusstseins, in der die vielfältigen und komplexen Ereignisse von Geist und Körper, die auch unser Handeln bestimmen, in Einheit verbunden sind.*

Die Transzendentale Meditation, die von Maharishi Mahesh Yogi seit über vierzig Jahren weltweit gelehrt wird, erfüllt diese Grundbedürfnisse des Menschen. Sie führt direkt zu jener Quelle tief in uns selbst, die alle Lebensbereiche berührt und aus der wir Gesundheit, Energie, Kreativität, Wissen und Glück schöpfen. TM ist ein einfacher, natürlicher und direkter Weg zum eigenen Selbst, zu dem Ort vollkommener Gesundheit und zur Schatzkammer in unserem Herzen, in der die Liebe wohnt.

● Fragen auf dem Weg

Sie werden vielleicht einwenden: Kann ich das überhaupt erlernen? Bin ich für diese Meditation geeignet? Sind besondere Voraussetzungen erforderlich? Muss ich mein Leben umstellen? Kann ich TM mit meiner Religion vereinbaren? Führt nicht jede Meditation - und es gibt doch so viele Methoden — zu dem gleichen Ziel? Was ist denn das besondere an dieser Technik?

Diese und viele weitere Fragen möchten wir mit Ihnen in den folgenden Kapiteln diskutieren.

Wir freuen uns auf diesen Dialog und auf eine spannende Reise mit Ihnen in das Reich des Bewusstseins und die Heilungsgeheimnisse unseres

Körpers! Sie wird uns zunächst in das Wesen der TM, ihre Methodik, die inneren Erfahrungen und dann natürlich zu ihren geistigen, körperlichen und sozialen Wirkungen führen. Wir wollen dabei auch die innere Struktur unseres Körpers sowie seinen kosmischen Bauplan näher beleuchten.

Wir werden mit Ihnen darüber hinaus eine kulturübergreifende Zeitreise unternehmen, die uns in Form von Zitaten mit den Erfahrungen großer Persönlichkeiten der Weltgeschichte in Verbindung bringt: Den Mystikern des Mittelalters, Philosophen des antiken Griechenlands, Weisen des alten China, mit Genies, Musikern und Dichtern und dem Naturvolk der Indianer mit ihren tiefen spirituellen Erfahrungen. Dabei werden wir sehen, dass jener Bereich tief in uns selbst, den wir uns mit der TM spontan erschließen, zu allen Zeiten, in allen Kulturen und von den unterschiedlichsten Menschen erobert und beschrieben, als höchst erstrebenswert erachtet wurde – und dass es leicht, ja mühelos möglich ist, täglich daraus zu schöpfen.

Besonderes Augenmerk wollen wir natürlich den gesundheitlichen Wirkungen der TM widmen, die aufgrund ärztlicher Erfahrung und wissenschaftlicher Erforschung besonders gut dokumentiert sind. Dies natürlich auch, da das Buch aus der Erfahrung und Sichtweise zweier Allgemeinärzte geschrieben ist, die die Wirkungen der Methode an zahlreichen Patienten und bei sich selbst über mehr als zwei Jahrzehnte beobachten konnten.

Es ist unser Wunsch, die Sprache einfach und leicht verständlich zu halten, und wir wollen uns viel Zeit für Fragen und Antworten nehmen.

Kapitel 1

ZUGANG ZUR INNEREN QUELLE DER GESUNDHEIT

Der 50-jährige Konstrukteur einer deutschen Automobilfirma, der im Sommer 1997 erstmals in meine Sprechstunde kam, hatte eine lange Leidensgeschichte hinter sich, war mehrfach wegen einer chronischen Erkrankung behandelt worden und musste einige Operationen über sich ergehen lassen. Seine Krankengeschichte wäre eine eigene Abhandlung wert, aber fast noch beeindruckender an diesem Mann war seine auffallende Gelassenheit, ja fast Heiterkeit, mit der er ganz offensichtlich seine Erkrankung annahm. Diese Gemütsverfassung war so auffallend, dass ich ihn direkt darauf ansprach. Seine Erklärung war schlicht und unverblümt:

„Ich habe vor kurzem Transzendentale Meditation erlernt und hatte bereits bei der ersten Meditation ein großes Glücksgefühl. Meine jetzige Entspanntheit schreibe ich der TM zu. Es war wie eine neue Geburt, als ich angefangen habe zu meditieren. Ich kam auch gleich so befreit aus der Meditation, als wäre ich aus meinem Schneckenhaus gekrochen. Ich kann mit meinen Chefs jetzt ganz anders reden, bin richtig gelöst und befreit. Dabei hatte ich früher immer Minderwertigkeitskomplexe.

TM ist für mich jeden Tag wie eine große innere Befreiung. Sie gibt mir große Energie und ich fühle heilsame Kräfte in mich einfließen. Seit ich diese Meditation praktizierte, spüre ich gesundheitlich einen großen Wandel in mir."

● Was ist Transzendentale Meditation?

In den folgenden Kapiteln werden wir immer wieder auf ganz grundlegende Eigenschaften der TM stoßen, die diese Meditationstechnik nicht nur charakterisieren, sondern auch ganz offensichtlich ihre Wirksamkeit und ihre weite Verbreitung und Anwendung erklären:

„Die Transzendentale Meditation ist eine einfache und natürliche Methode, innere Stille, reines Bewusstsein zu erfahren. Subjektiv sind dies Augenblicke von ruhevoller Wachheit. Dieser spontane und mühelose Vorgang geht einher mit tiefer geistiger und körperlicher Entspannung und Regeneration. "

Das Besondere an dieser Technik ist – und da unterscheidet sie sich von anderen Entspannungs- und Meditationsmethoden grundlegend: TM ist leicht und bequem auszuüben, äußerst angenehm und wirksam. Ruhe und Entspannung stellen sich innerhalb weniger Minuten ein. Die TM hat außerdem den großen Vorteil, dass sie einfach zu erlernen ist und im Grunde bereits mit der ersten Meditation funktioniert, also eigentlich kein wirkliches Üben erfordert.

● Woher kommt die TM?

Der Methode liegt ein zeitloses, universelles, natürliches Prinzip zugrunde. D.h. TM wurde nicht erfunden, sondern allenfalls als natürliche Eigenschaft und Möglichkeit des menschlichen Geistes erkannt. Dementsprechend hatte diese Art des Meditierens auch zu verschiedenen Zeiten Ihrer Anwendung einen dieser Zeit entsprechenden Namen. Transzendentale Meditation heißt sie heute. Sie ist aber eine uralte *vedische* Technik. Das heißt, sie kommt aus der wohl ältesten Wissenstradition der Menschheitsgeschichte: dem Veda.

● Was ist Veda?

Veda bedeutet vollständige Erkenntnis oder vollständiges Wissen von den Naturgesetzen. Dieses Wissen wurde ursprünglich mündlich überliefert, später schriftlich aufgezeichnet und weitergegeben.

Wie ist dieses Wissen gewonnen worden?

Das muss man sich so vorstellen: Die vedischen Weisen benutzten bestimmte meditative Verfahren, um Erkenntnis vom eigenen Selbst zu erhalten und alle Möglichkeiten menschlichen Bewusstseins auszuloten. Die Methoden der Versenkung waren ein sorgsam gehütetes Geheimnis, das nur im engen und vertrauten Kreis von Meister zu Schüler weitergegeben wurde. Sie ermöglichten ihnen die Erfahrung reiner Bewusstheit und innerer Einheit, die Quelle ihrer umfassenden Erkenntnisse, aus der die verschiedenen vedischen Wissenszweige – zum Beispiel auch der Ayur-Veda – hervorgingen. Diese Heilkunst, seit einigen Jahren neu belebt und von führenden Experten wieder vervollständigt, hat inzwischen als Maharishi Ayur-Veda weltweite Verbreitung gefunden.

TM kommt also aus derselben Wissenstradition, die den klassischen Ayur-Veda überlieferte und hatte auch für diese Heilkunde ursprünglich eine ganz zentrale Bedeutung, da man erkannte, dass wahre Gesundheit nur aus der Harmonie von Körper, Geist und Seele resultieren kann.

Ist das Prinzip der TM in ursprünglicher Form bewahrt worden oder hat sich die Methode weiterentwickelt?

Die vedische Tradition legte äußersten Wert darauf, diese und andere Bewusstseinstechnologien in reiner und unveränderter Form zu überliefern, um Fehler und ein Nachlassen der Wirksamkeit der Methode zu verhindern. Sie wurde daher ursprünglich nur in einem ausgewählten Kreis von Menschen gelehrt und weitergegeben. Maharishi Mahesh Yogi, ein vedischer Gelehrter, der dieser Wissenstradition direkt entstammt, hat die Methode der Transzendentalen Meditation in eine für den modernen Menschen bequem anwendbare Form gebracht und sich dabei streng an die Prinzipien seiner vedischen Tradition gehalten. Er hat sie seit Ende der 50iger Jahre über 6 Millionen Menschen in fast allen Ländern der Erde zugänglich gemacht. Bis zu dieser Zeit war sie dagegen selbst in Indien nicht mehr bekannt.

⬤ Was meint man mit Transzendieren?

Transzendentale Meditation ist eine Wortschöpfung von Maharishi Mahesh Yogi, mit der er den Wert und den speziellen Vorgang des Transzendierens hervorheben will. Das bedeutet: der TM-Meditierende erfährt zunehmend feinere und ruhigere Ebenen des Bewusstseins und subtilere Stadien des Denkens, bis er diese überschreitet – *transzendiert* – und so in vollkommener gedanklicher Stille verweilt.

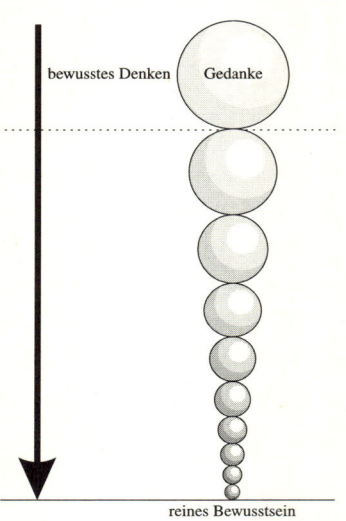

Maharishi Mahesh Yogi beschreibt den Vorgang des Meditierens während der TM so:

Transzendentale Meditation ist eine ganz natürliche, anstrengungslose Vorgehensweise, die den Geist zum Ursprung des Denkprozesses führt, an dem dieser zu reinem Bewusstsein wird. Das ist mit einer Welle zu vergleichen, die im Ozean aufgeht und damit zum unbegrenzten Ozean selbst wird. Auf gleiche Weise geht der denkende Geist im Zustand reinen Bewusstseins auf. Dieses Feld reinen Bewusstseins ist ein Bereich unbegrenzter Kreativität, Intelligenz und unbegrenzten Glücks. Es ist das reine Feld des Naturgesetzes. Wenn der Geist wieder aus der Meditation hervortritt, dann tut er es mit mehr Energie, Kreativität und Intelligenz, und er verhält sich zunehmend im Rahmen der Naturgesetze.*

Durch die Transzendentale Meditation gelangen wir zu einem Bewusstsein ohne Inhalt, ohne Form: dem reinen Bewusstsein

⬤ Wie funktioniert die Methode? Wie ist es möglich, angeblich so spontan und mühelos in sich einzutauchen?

Die TM bedient sich hier einer natürlichen Tendenz des Geistes, nach mehr Wissen, Wohlbefinden, Glück und Befriedigung zu streben. Verschiedene

Meditations- und Entspannungstechniken versuchen dagegen den Geist zur Ruhe zu bringen, indem sie eine Idee oder Vorstellung festhalten, sich auf etwas konzentrieren oder sich Ruhe und Entspannung suggerieren. Das ist aber in der Regel schwierig, denn konkrete Gedanken binden den Geist und verhindern, dass er zum Ursprung des Denkens gelangt, dort wo nur reine Stille ist, also keine Gedanken. Die TM verwendet hier einen Trick: Sie benützt ein Klangwort, ein Mantra, das keine inhaltliche Bedeutung hat und dadurch den Geist nicht auf der bewussten Denkebene festhält. Dabei ist es entscheidend, diesen Klang in der richtigen Weise zu verwenden. Denn nur dadurch kann der Meditierende mühelos und natürlich transzendieren, zur inneren Stille jenseits der Welt seiner Gedanken gelangen.

Wie man den Klang richtig erfolgreich einsetzt, kann man allerdings nicht aus einem Buch erlernen. Man braucht die persönliche Unterweisung eines korrekt ausgebildeten und autorisierten TM-Lehrers (siehe Kapitel 11 „Wie erlerne ich TM", S. 157).

Zwanzig Minuten tiefe Ruhe und Entspannung – zweimal täglich

Die TM ist eine sehr effektive Meditation, die in der Regel morgens und abends nur 15 bis 20 Minuten Zeit erfordert. Das ist nicht der Rede wert im Vergleich zu der Zeit, die wir sonst für weit weniger wichtige Dinge verschwenden. Morgens voller Energie in den Tag zu gehen und am Abend, zum Beispiel nach der Arbeit, sich zu regenerieren, die Eindrücke des Tages zu verarbeiten und auf diese Weise erholt wieder den Kopf frei zu haben für Familie, Freunde und Freizeit, ist ein gut investiertes Kapital. Davon profitiert ja vor allem auch die Gesundheit.

Bequem sitzen!

Um TM optimal ausüben zu können, ist es nicht notwendig, ja sogar hinderlich, schwierige Körperpositionen einzunehmen. Es reicht, bequem und entspannt zu sitzen. Der Meditationsvorgang in der TM ist so mühelos und natürlich, dass jede Form von Anstrengung, sei es durch geistige Konzentration oder angespannte Körperhaltung, ein Hindernis auf dem sanften Weg nach Innen wären.

Das eigene Zuhause ist meist der bequemste Ort für die Meditation. TM kann man aber überall ausüben, wo es möglich ist, ungestört und bequem zu sitzen. Man kann auch auf Reisen im Hotel oder unterwegs im Bus, im Zug, im Flugzeug oder im Auto an einem ruhigen Rastplatz meditieren. Wir finden, TM ist eine für den heutigen Menschen

Transzendentale Meditation – für jeden leicht erlernbar. Der/die Meditierende nimmt dabei eine für ihn/sie bequeme Sitzstellung ein.   Foto: Mosaik / M.Ziegler

ideale Form der Meditation, da sie flexibel anwendbar ist.

● Was passiert während der TM in Geist und Körper?

Wir wollen versuchen das zu beschreiben: Ausgehend vom Alltagsdenken erfährt der Meditierende zunehmend ruhigere Stadien von Gedanken, bis er schließlich selbst die subtilste geistige Aktivität überschreitet – transzendiert. Das sind Augenblicke innerer Ganzheit und Unbegrenztheit, von Frieden und vollkommener Wachheit.

Die Dauer solcher Seinserfahrungen ist je nach Meditation und je nach Individuum unterschiedlich. Oft sind es nur kurze Momente, in denen der Meditierende klare Stille ohne Gedanken erfährt und ganz bei sich selbst verweilt. Vielfach erleben TM-Meditierende auch ein Nebeneinander von tiefer innerer Ruhe und gleichzeitiger gedanklicher Aktivität. Ruhe und Verarbeitungsprozesse im Nervensystem laufen also parallel ab.

Was der Meditierende subjektiv in seinem Bewusstsein als tiefe Ruhe erfährt, hat seine Entsprechung im Körper: der Atem wird spontan ruhiger, der Hautwiderstand nimmt zu, die Muskulatur entspannt sich. Wissenschaftler haben diese Veränderungen, die sich in der TM einstellen, in über 35 Jahren gut untersucht.

Funktioniert die TM wirklich auch dann, wenn ich sie am nötigsten brauche?

Ja! Genau das ist einer ihrer größten Vorteile. Jeder von uns kennt das: ein typischer Tag voller Eindrücke, Ereignisse und jede Menge Zeitdruck und Hektik. Abends kommt man nach Hause, ausgelaugt, im Kopf geht es zu wie in einem Bienenhaus. Man wird von den Kindern überfallen und soll möglichst noch den Strahlemann oder die Superfrau spielen. Unmöglich! Der angestrengte Versuch, sich auf die erwartungsvolle Umgebung einzustellen, gelingt nur verkrampft, die Gedanken weichen ständig ab, kreisen um die Themen des vergangenen Tages und wollen nicht zur Ruhe kommen.

Genau an dieser Stelle lernt man die TM wahrscheinlich am meisten schätzen. Denn diese Meditation erfordert nicht, dass wir mit dem Denken aufhören. Gedanken sind ein natürlicher Bestandteil der Meditation, in der wir nichts verdrängen oder erreichen müssen, in der keine Konzentration, kein Nachdenken oder Philosophieren erforderlich ist. Die Ruhe stellt sich automatisch, natürlich und mühelos ein! Nach der meditativen Verarbeitung der Ereignisse eines erlebnisreichen Tages fühlen wir uns hinterher frisch, regeneriert und wiederhergestellt. Wir sind wieder aufnahmefähig und offen für die Freuden des Lebens.

Was Transzendentale Meditation nicht ist!

Wenn wir in der Praxis unseren Patienten die TM empfehlen, treten manchmal Fragen, Unsicherheiten und Zweifel auf.

Um gleich zu Beginn allen möglichen Missverständnissen vorzubeugen, halten wir deshalb folgende Hinweise für wichtig:

▶ **TM ist keine Religion,** kein Glaube an ein System und keine Philosophie. Sie ist eine einfache und natürliche geistige Technik. Der Meditationsvorgang beinhaltet keine Vorstellungen, keine Weltanschauung, benützt keine Bilder und ist nicht mit Kontemplation oder Gebet gleichzusetzen. Ziel dieser Meditation ist es, dem Geist zu erlauben, zu einem Bereich ruhevoller Wachheit jenseits von Gedanken und Vorstellungen, zur Transzendenz zu gelangen. Dieser Vorgang ist Ausdruck einer natürlichen Fähigkeit des menschlichen Nervensystems und unabhängig von Erziehung, Glaube und religiösen Überzeugungen.

▶ **Keine Mitgliedschaft in einer Organisation:** Wer TM erlernt, übt diese frei und unabhängig aus. Sie dient einzig seinem persönlichen Wohl. Ein wesentliches Ziel der Meditation ist innere Unabhängigkeit.

▶ **Kein Glaube an die Wirksamkeit erforderlich:** Die Wirkungen der TM sind unabhängig davon, ob jemand daran glaubt oder nicht. Die einfache unschuldige Ausübung der Technik bringt die gewünschten Ergebnisse.

▶ **Kein abgeschiedenes Leben:** TM ist eine Meditation für den aktiven Menschen von heute, die ihm privat und beruflich hilft, seine Ziele besser und erfüllender zu verwirklichen. Sie ermöglicht einen natürlichen Zugang zu Ihrem inneren Reservoir von Energie und Kreativität und hilft Ihnen, sich von Stress und Verspannungen zu befreien.

▶ **Keine besonderen Lebensumstände:** Um TM ausüben zu können, braucht es nur einen bequemen Platz, um sich zu setzen und um die Augen zu schließen. Dann kann der Vorgang der natürlichen und automatischen Regeneration beginnen.

Zusammenfassung

Transzendentale Meditation ist eine einfache, natürliche, mühelose und leicht erlernbare geistige Technik, die zweimal täglich für 15 bis 20 Minuten bequem im Sitzen ausgeübt wird. TM ist eine wirkungsvolle Methode, die wissenschafltich seriös und umfassend untersucht ist. Die wissenschaftlichen Veröffentlichungen zeigen auch: TM ist unmittelbar wirksam. Ein Üben im eigentlichen Sinn ist nicht erforderlich.

▶ **Einfach:** TM ist nicht schwierig, ist keine komplizierte Technik. Geistige und körperliche Ruhe in der TM zu erfahren ist ein einfacher Vorgang.

▶ **Natürlich:** Sie beinhaltet keine Manipulation, Suggestion oder Selbsthypnose.

▶ **Mühelos:** TM ist einfach auszuüben. Sie erfordert keine Kontrolle des Denkens, keine Konzentration, kein „Abschalten" der Gedanken.

▶ **Leicht erlernbar:** Jeder ab dem 4. Lebensjahr kann TM erlernen. Die Methode erfordert keine Vorkenntnisse in Meditation oder Entspannung und keine besonderern Voraussetzungen.

▶ **Geistige Technik:** Körperliche Übungen, besondere Körperstellungen oder Verhaltensweisen sind nicht erforderlich

▶ **Zweimal täglich 15-20 Minuten** morgens und abends in tiefe Ruhe eintauchen ist bequem, auch vom Zeitaufwand her, in das tägliche Leben zu integrieren.

▶ **Bequem sitzen:** TM funktioniert am besten, wenn wir bequem sitzen.

▶ **Wissenschaftlich untersuchte Technik:** Umfangreiche wissenschaftliche Untersuchungen bestätigen die TM als bewährte, weltweit erprobte und wirkungsvollste Entspannungs- und Mediationsmethode.

▶ **Unmittelbar wirksam:** TM erfordert kein Üben! Die Methode wirkt mit Beginn der Anwendung, da sie auf einem einfachen und natürlichen Prinzip beruht.

▶ **Qualifiziert und professionell vermittelt:** Allein im deutschen Sprachraum stehen mehr als 400 gewissenhaft ausgebildete Lehrerinnen und Lehrer für Transzendentale Meditation zur Verfügung. Die TM wird in einer verbindlich festgelegten Kursstruktur gelehrt, um allen Meditationsanfängern dasselbe Wissen zu vermitteln und vergleichbare Fortschritte zu gewährleisten.

„Medicus curat,
natura sanat"
„Der Arzt behandelt,
die Natur heilt"

Lateinisches Sprichwort

Kapitel 2

DER INNERE ARZT

U nser Körper, bestehend aus 100 000 Milliarden Zellen, ist ein unglaublich komplexes System von Organen, Geweben, Flüssigkeiten, kom-
plizierten Bewegungsabläufen und chemischen sowie physikalischen Pro-
zessen – er ist ein Universum für sich. Wer steuert dieses gigantische Unternehmen? Wie kann es sein, dass minutiös die subtilsten Vorgänge koordiniert werden? Allein die kleinste Bewegung, der Lidschlag eines scheinbar unbedeutenden Augenblicks, erfordert die höchst intelligente Koordination und Kombination einer unvorstellbaren Anzahl subtilster Steuerungs-
mechanismen. Milliarden chemischer Prozesse laufen in Bruchteilen von
Sekunden ab. Allein unser Gehirn verarbeitet in einer Sekunde mehr Signal-
kombinationen als es Atome im Universum gibt, und Minute für Minute
unseres gesamten Lebens werden Millionen von Körperzellen abgebaut und
sogleich auch wieder neu gebildet. Wo liegt also der Bauplan, die ordnende
und integrierende Instanz für diesen Kosmos Körper? Welche Intelligenz
erhält ein Leben lang seine Ordnung und Funktion? Sollte es eine befriedigende Antwort auf diese Fragen geben, dann scheint es, als könnten wir sie
im Körper selbst entdecken. Lassen Sie uns also einen Versuch unternehmen und eine Reise in die geheimnisvolle Welt dieses faszinierenden Organismus unternehmen.

● Stille Betrachtung – eine kurze Begegnung mit uns selbst

Für dieses Experiment brauchen Sie nur einen bequemen Stuhl und drei Minuten Zeit. Diese Übung ist keine Meditation, sie dient lediglich dazu, Ihnen innere Vorgänge Ihres Körpers und Geistes bewusst zu machen. Wir beginnen wie folgt: Sitzen Sie bequem, schließen Sie die Augen und beobachten Sie nur, was in Ihr Bewusstsein dringt. Nehmen Sie dabei alles nur absichtslos wahr, bewerten Sie nichts und versuchen Sie nicht, irgend etwas zu erreichen, zu verändern oder zu verdrängen. Vielleicht spüren Sie zunächst nur eine Verspannung oder ein anderes Gefühl in Ihrem Körper, etwa dass Sie noch nicht bequem sitzen oder viele Gedanken haben oder ein Geräusch von draußen wahrnehmen. Doch ganz gleich welche Eindrücke, Gefühle und Gedanken auftauchen oder welche Bedürfnisse Sie empfinden – was immer auch kommen mag: Nehmen Sie es einfach nur zur Kenntnis. Akzeptieren Sie dieses Innenleben ganz natürlich so wie es ist.

Nach etwa einer halben Minute öffnen Sie wieder die Augen, richten Ihre Aufmerksamkeit einen Moment nach außen und schließen dann die Augen abermals. Erneut betrachten Sie einfach nur unschuldig, was in Ihr Bewusstsein kommt, bewerten es nicht, registrieren einfach nur die Geschehnisse Ihres Geistes und Körpers. Diesen Vorgang wiederholen Sie drei bis vier Mal. Dann ziehen wir Bilanz.

● Ein Fluss von Veränderung

Was hat sich getan? Sicher wird jeder, der diese kleine Übung absolviert, andere Erfahrungen machen. Eines wird aber allen gemeinsam sein: Die Innenwelt veränderte sich ständig. Jedesmal, nachdem Sie die Augen geschlossen hatten, begegneten Ihnen andere Bilder. Auch die Verspannung im Nacken, das mulmige Gefühl im Bauch, ein Glücksgefühl in der Gegend des Herzens oder was immer es auch war, was in ihrem Bewusstsein auftauchte, es hatte sich verändert, war weggegangen oder hatte sich verstärkt. Niemals aber begegneten Sie diesem Teil Ihres Geist-Körpersystems völlig identisch. Ihre Innenwelt veränderte sich permanent. Nur der Beobachter dieses Spiels im Bewusstsein schien unverändert. Sie haben in diesem Moment eine ganz grundlegende Entdeckung gemacht: *Sie veränderten Ihre Welt durch Betrachtung!* Der Beobachter beeinflusst das Experiment. Diese Wahrheit hat übrigens das klassische Weltbild der Physik, wie es seit Newton existierte, revolutioniert (Heisenbergsche Unschärferelation). Die Physik der Quanten- und Energiefelder beschreibt ein vereinheitlichtes Feld aller Naturgesetze. In diesem gilt: Alles ist mit allem verbunden und nichts geschieht im Universum ohne Einfluss auf alle Bestandteile dieser Welt.

● Ordnung durch innere Intelligenz

Noch etwas Bemerkenswertes müssten Sie beobachtet haben: Nach ein paar Minuten dieser einfachen Übung werden Sie sich ein wenig entspannter, ausgeruhter, geordneter, auch klarer und wacher gefühlt haben. Was war geschehen? Ohne auch nur irgendwie einzugreifen, hat sich Ihr Geist-Körper-System neu geordnet. Wohlgemerkt, Sie haben nur still beobachtet, nicht eingegriffen, hatten keine Absicht, sich zu entspannen oder sich wohler zu fühlen. Es traten lediglich spontan, ganz ohne Ihr Zutun, innere Bilder oder Wahrnehmungen in Ihr Bewusstsein. Sie übten dabei nur eine einzige Fähigkeit, nämlich *stille Aufmerksamkeit.* Oder um es anders auszudrücken: Sie haben sich schlicht und einfach nur akzeptiert und angenommen. Dinge wurden Ihnen bewusst, die Sie vorher nicht gefühlt oder erkannt hatten, und eine Ihnen unbekannte innere Intelligenz hat begonnen, Ihren Körper und Ihren Geist neu zu ordnen. Wo liegt der Plan für diese Veränderung?

● Das Selbst – ein Ort vollkommener Gesundheit

Die Antwort aus der Sicht der vedischen Weisen lautet: Der Bauplan liegt jenseits der veränderlichen materiellen Welt, jenseits der Wandlungen von Raum und Zeit, er liegt im eigenen unveränderlichen reinen Bewusstsein, dem eigenen Selbst. In der vedischen Terminologie ist das *atma*, die unsterbliche Seele oder auch *samhita,* die verbindende innere Einheit. Die alten Chinesen nannten es das *tao,* die griechischen Philosophen den *logos.* Eine heute lebende Weise der Tsalagi-Indianer sagt von diesem Selbst: „Wenn du es erkennst, dann hast du Kenntnis von allen Dingen". Es ist nach der

Vorstellung aller ganzheitlicher Heilsyteme und der vedischen Medizin der Ort vollkommener Gesundheit, die Quelle innerer Heilung, der innere Arzt.

Ursache und Wirkung

Sind das nun lediglich philosophische oder hypothetische Annahmen, regiert also Bewusstsein die Materie oder haben jene recht, die Bewusstsein nicht als Ausgangspunkt, sondern als Ausdruck und Produkt der Materie sehen? Wir glauben, dass diese Frage kaum durch Argumente, sondern allenfalls durch die innere Erfahrung dieses beschriebenen Seinszustandes befriedigend beantwortet werden kann. In diesem Buch werden wir an vielen Stellen über solche Erfahrungen berichten. Diese inneren Seinserfahrungen, die ganz offensichtlich mit ganzheitlicher Erkenntnis, reinem und umfassendem Wissen oder kosmischer Intelligenz in Verbindung gebracht werden, berühren offenbar grundlegendste nicht-materielle Ordnungsstrukturen. Die vedischen Weisen nannten diese Wissensinhalte unseres Bewusstseins den Veda – reines Wissen.

Menschlicher Körper – Ausdruck des Veda und der vedischen Literatur

Eine aufsehenerregende Entdeckung, die diese Zusammenhänge eindrucksvoll beleuchtet, ist kürzlich in Buchform erschienen. Unter der Inspiration und mit Unterstützung durch Maharishi Mahesh Yogi befasste sich der Neurophysiologe Dr. Tony Nader von der Maharishi Vedic University in Holland mit den Strukturprinzipien der vedischen Literatur. Nader, der am renommierten Massachusetts Institute of Technology promovierte und zahlreiche Forschungsarbeiten in Neurochemie und Neuro-Endokrinologie veröffentlicht hat, fand dabei heraus, dass die Gesetzmäßigkeiten, die den menschlichen Geist und Körper strukturieren, dieselben sind, welche den Silben, Versen, Kapiteln und Büchern der Vedischen Literatur Struktur verleihen. *„Alle Komponenten, Organe und Organsysteme des menschlichen Körpers, vor allem der verschiedenen Teile des Nervensystems, stimmen entsprechend ihrer Spezialisierung sowohl in Struktur als auch in Funktion eins zu eins mit den 40 Zweigen der Vedischen Literatur überein.“*

● Veda – Bauplan des Körpers

Der Veda, formuliert und ausgedrückt durch die 40 Zweige der vedischen Literatur, ist demnach der stille und unmanifeste Bauplan der Anatomie und der Physiologie des menschlichen Körpers. Und das Faszinierende daran ist: Jeder von uns kann diesen Bauplan in sich selbst erfahren! In der Stille der Transzendenz, in tiefer Meditation, wie sie die Rishis, die Seher und Weisen bereits vor Tausenden von Jahren geschaut haben, ist die kosmische Bibliothek, ist der Veda beheimatet. Seine Sprache ist das Sanskrit, seine Schriftform ist *Devanagari*: das heißt, die „Heimstatt der Naturgesetze". Mit anderen Worten: Die Bücher des Wissens und die Gesetze des Heilens sind tief in uns selbst angelegt, und die vedische Literatur, die über Jahrtausende hinweg unverändert überliefert wurde, ist die Aufzeichnung dieses kosmischen Planes, den wir einsehen und nutzen können.

Transzendentale Meditation ist die Methode, diesen inneren Plan zu erfahren. Durch TM wird er belebt und kann dadurch einen ordnenden Einfluss auf den gesamten Organismus ausüben. Wir erlauben dem inneren Arzt, unserem eigenen Selbst, Geist und Körper zu heilen.

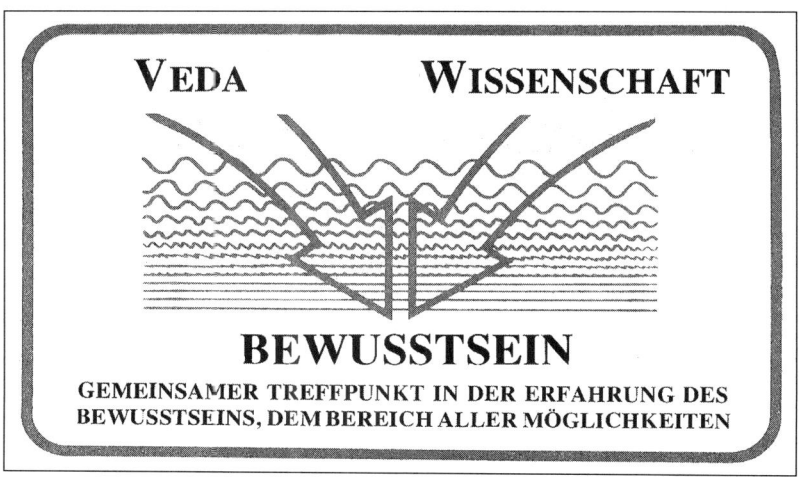

VEDA · WISSENSCHAFT · BEWUSSTSEIN

GEMEINSAMER TREFFPUNKT IN DER ERFAHRUNG DES BEWUSSTSEINS, DEM BEREICH ALLER MÖGLICHKEITEN

> *„Ein Weiser wurde gefragt, welches die*
> *wichtigste Stunde sei, die der Mensch*
> *erlebt, welches der bedeutendste Mensch,*
> *der ihm begegnet, und welches das*
> *notwendigste Werk sei.*
> *Die Antwort lautete: Die wichtigste*
> *Stunde ist immer die Gegenwart, der*
> *bedeutendste Mensch immer der, der dir*
> *gerade gegenübersteht, und das notwen-*
> *digste Werk ist immer die Liebe."*
>
> **Meister Eckhart**

Kapitel 3

IM SELBST GEGRÜNDET

Leben im Jetzt erfordert Vertrauen! Es braucht die Ruhe und Gelassenheit eines entspannten Geistes, der sich wie ein Kind noch unbeschwert an der Gegenwart erfreuen kann. Durch unseren ständigen inneren Dialog aus den Erfahrungen der Vergangenheit und den Erwartungen an die Zukunft verpassen wir jedoch diese Gegenwart. Das wirkliche Leben spielt immer nur im ewigen Jetzt. Die Zukunft ist nicht mehr als eine Vision und die Vergangenheit bereits Geschichte. Diese Weisheit hat Menschen aller Kulturen, Philosophen und Denker aller Zeitepochen beschäftigt. Wie aber können wir im Hier und Jetzt leben? Gibt es eine Methode, einen Weg?

Wie schwierig diese Aufgabenstellung für viele von uns sein kann, hat mir kürzlich ein sorgenvoller junger Mann deutlich gemacht. Er litt unter vielerlei körperlicher Beschwerden und es war bald zu erkennen, dass seine Krankheit vor allem Ausdruck seines unruhigen Geistes war. Ich versuchte, ihn zu beruhigen und ihm klar zu machen, dass er bei nüchterner und objektiver Betrachtung seiner Lebenssituation keinen wirklichen Grund zur Sorge hatte. „Lassen Sie mehr los, entspannen Sie sich, haben Sie mehr

Vertrauen und leben Sie mehr in der Gegenwart", wollte ich ihn ermutigen. Seine Antwort kam spontan und frustriert: „Ja, wenn das nur so leicht wäre!"

Er hatte sich in der Vergangenheit bereits selbst Gedanken darüber gemacht, darüber gelesen und das Thema in psychotherapeutischen Sitzungen bearbeitet. „Wie mache ich das?"

Das war seine berechtigte Frage. Spirituelle Traditionen und Lehren befassen sich seit Jahrtausenden mit diesem Problem. Für einige wurde es zum wichtigsten Anliegen, zum zentralen Bestandteil ihrer Lehre.

So ist der Weg des Zen-Buddhisten vor allem ein Weg der Achtsamkeit, ein Gewahrsamsein im zeitlosen Jetzt. Thich Nath Than, ein auch im Westen sehr bekannter vietnamesischer Zen-Mönch („Ich pflanze ein Lächeln") beschreibt Übungen für ein Leben im Augenblick: *Meditation üben heißt, zum gegenwärtigen Moment zurückzukehren, um der Blüte, dem blauen Himmel, dem Kind zu begegnen.*"

Für Meister Eckhart, den Mystiker des Mittelalters, der tiefe meditative Seinserfahrungen hatte, wird es zur zentralen religiösen Frage: *Wo ist der Gott? Nicht dort, wo das Gestern und Morgen ist, sondern im Hier und Jetzt. Da ist der Gott.*"

● Die Erfahrung inneren Friedens

Um dem jungen Mann die Antwort zu geben: Unsere Gedanken an die Zukunft, unsere Sorgen und Ängste aus der Vergangenheit werden uns immer einholen, solange wir nicht ihre Ursache, nämlich unbewältigte Erfahrungen unseres Lebens, verarbeitet haben. Dafür benötigen wir tiefe Ruhe im Nervensystem, um dem inneren Arzt die Möglichkeit zur Verarbeitung und Heilung zu geben. Vertrauen in die Gegenwart erwächst aus der Erfahrung von innerem Frieden und Unsterblichkeit. Diese liegt jenseits der Veränderungen und Wandlungen unserer Welt der Gedanken und unseres Körpers. Sie ist unsere letzte eigene Wirklichkeit, der unvergängliche Wesenskern in uns. Dieser ist Frieden und tiefes Vertrauen. Wer dies erfährt, kann sagen:

Ich lebe in der Geborgenheit des zeitlosen Augenblicks, in weiser Gelassenheit und in dem Frieden des Wissenden, dass die Dinge des Lebens zum Besten geschehen.

Die Transzendentale Meditation ist eine solche Übung, die uns zu dem Bereich der Zeitlosigkeit führt. Sie ist eine Methode, den Frieden im Inneren zu erfahren, sich mit der Quelle von Wissen und Weisheit in sich zu verbinden und gelöster und entspannter den Tag zu genießen. Ein Leben im Jetzt ist das natürliche Resultat regelmäßiger Übung dieser uralten vedischen Technik.

Das innere Wertesystem – TM stärkt das Vertrauen in uns

Der Schweizer Komiker „Emil" brachte in seiner unnachahmlichen Art den Sketch des Beamten in der Telefonzentrale. Er ist gerade am Lösen eines Kreuzworträtsels, als Anrufe hereinkommen: „Was möchten Sie? Aha, ein Telegramm! Wohin? Nach New York !.... Bei *dem* Wetter?...."

Was uns hier als lustige Überzeichnung einer Szene erheitert, liegt gar nicht so weit ab vom täglichen Leben. Das Wetter ist nicht nur der beliebteste Gesprächsaufhänger in sozialen Begegnungen, es muß auch für allerlei persönliche Unstimmigkeiten, sogar als vermeintlicher Verursacher schlechten oder guten körperlichen und geistigen Befindens herhalten. Das gilt auch für soziales Wetter. Ist uns die Umgebung wohlgesonnen, fühlen wir uns gut, ziehen dagegen düstere Wolken im Umfeld auf, dann wird auch unsere Stimmung rasch getrübt. Wir machen unser Befinden abhängig von dem, was außerhalb von uns liegt.

Inneres oder äußeres Wertesystem

Stephen Covey, ein amerikanischer Erfolgsautor, beschreibt in einem seiner Bestseller die Verhaltensweisen höchst erfolgreicher und effektiver Menschen. Er unterscheidet Personen, die vorwiegend *reaktiv* leben, von solchen, die, wie er es nennt, *proaktiv* ihr Leben gestalten.

Erstere *reagieren* abhängig von ihrer Umgebung. Ihr geistiges, emotionales und auch körperliches Wohlbefinden wird vom Verhalten und der Meinung anderer bestimmt. Sie sind sehr von einem Werte- und Bezugssystem abhängig, das außerhalb von ihnen liegt. Werden sie freundlich und entgegenkommend behandelt, geht es ihnen gut; erfahren sie Kritik oder Opposition, dann ziehen sie sich in sich selbst zurück oder reagieren aggressiv.

Reaktive Menschen — Menschen, die in besonderer Weise von ihrer Umgebung und den Lebensumständen abhängig sind — essen bestimmte Nahrungsmittel und Speisen nicht in erster Linie, weil sie ihnen bekommen, gut schmecken und sie sich dadurch wohl und gestärkt fühlen, sondern weil irgendein Buch, ein Vortrag, eine Lehre vorrechnet, wie gesund diese oder jene Kostform sei. Sie fahren eine bestimmte Automarke nicht vor allem, weil es ihnen Spaß macht, sondern weil es zum Prestige gehört, genau dieses Auto zu besitzen, auch wenn es ihr Budget überfordert. Sie kleiden sich so, wie ihre Umgebung es erwartet. Sie folgen einem Glauben, einer Weltanschauung, einem Lebensstil, weil andere diesem folgen, nicht weil sie selbst die Wahrheiten dieser Lehren und Wege erprobt oder in sich erfahren haben.

Seien wir ehrlich! Wer von uns ist ganz frei und unabhängig von solchen Normen und Bezugssystemen? Mehr oder minder ordnen wir uns alle — auch scheinbar starke Persönlichkeiten — solchen anerzogenen oder auferlegten Leitlinien unter. Die Mode- und Autobranche, Buchautoren und Verlage profitieren kräftig davon.

Problematisch wird es erst dann, wenn die äußeren Normen, denen wir uns verpflichtet fühlen, unsere Gesundheit untergraben und unser Lebensglück zerstören. Und das ist leider kein seltenes Ereignis, sondern bei genauer Betrachtung eine wesentliche Ursache für Unglück, Leid und Krankheit in unserer Gesellschaft.

In der vedischen Wissenschaft wird dies als *pragya aparadh,* das heißt „Irrtum des Intellekts" bezeichnet. Damit ist gemeint, dass wir den Kontakt zum eigenen Selbst verloren haben, von der äußeren Welt überschattet sind und dadurch oft nicht mehr ausreichend unseren eigenen inneren Impulsen folgen. Wir opfern damit die ewigen Wahrheiten des eigenen Selbst und suchen Orientierung in veränderlichen äußeren Werten. Woran es uns vor allem mangelt, sind nicht fehlende Lebensmittel, äußere Freiheiten oder materielle Güter, sondern ein stabiles Werte- und Bezugssystem in uns selbst.

● „Proaktive Persönlichkeiten" – im Selbst gegründet

Wie unterscheidet sich davon das Verhalten von Menschen, die im Sinne Conveys *proaktiv* sind? Auch sie reagieren auf Einflüsse von außen und Begegnungen mit ihrer Umwelt: körperlich, psychisch und sozial. Der entscheidende Unterschied liegt aber in der Art und Weise, *wie* sie reagieren, und in dem Bezugssystem, auf das sie sich stützen. Denn dieses liegt vornehmlich in ihnen selbst.

Proaktive Menschen sind eigenständig, innerlich frei und bewahren sich ihre Unabhängigkeit gegenüber Meinungen, Auffassungen und Glaubenssätzen. Sie sind nicht bestechlich, weder durch Lob, noch durch Schmeicheleien – auch lassen sie sich nicht durch Gefühlsverletzungen aus Konfrontation oder Provokation überschatten. Ihr Urteil stützt sich auf eigene Werte, auf das, was sie selbst als richtig und gesund empfinden. Sie sind sozusagen „wetterfest". Und sie besitzen die natürliche Gelassenheit in sich selbst gegründeter Menschen, die es sich durchaus auch leisten können, die Meinung und das Urteil anderer in Ruhe zu analysieren und, wenn es ihnen richtig erscheint, anzunehmen und positiv zu nutzen. Sie erfreuen sich andererseits einer gesunden Selbst-Einschätzung, kennen ihre Schwächen und ihre Stärken und stehen zu beiden.

● Toleranz und konstruktives Miteinander

Wer ein solches gesundes Selbstwertgefühl hat, der steht emotional auf festem Boden. Er wird deshalb auch bei Kritik oder ungerechter Behandlung in seinen Grundfesten nicht erschüttert. Im Gegenteil: Er kann sie annehmen und sinnvoll integrieren und für sein Leben positiv nutzen. Man kann leicht daraus erkennen: Ein natürliches und gesundes Selbstwertgefühl ist ganz offensichtlich auch eine, wenn nicht sogar *die* wichtigste Grundlage für Toleranz und ein konstruktives Miteinander.

● Wissen, was man will, und dazu stehen

All diese Gedanken finden heute zunehmend ihren Niederschlag in vielen Büchern zur praktischen Lebenshilfe.

„Sage nicht Ja, wenn du Nein sagen willst" ist in den letzten Jahren zu einem beliebten Thema von Erfolgsbüchern geworden. Die Autoren haben richtig erkannt, dass zu einem gesunden, glücklichen und erfolgreichen Leben auch ein gesundes Maß an Selbstbestimmtheit gehört. Damit ist aber vor allem gemeint, dass wir ehrlich und mit Takt und Respekt unsere natürlichen Bedürfnisse zum Ausdruck bringen, die unserer Gesundheit und unserem geistigen und seelischen Wohlbefinden dienen. Das sollte nicht mit neurotischem Egoismus verwechselt werden.

Wer auf sich achtet, seine Grundbedürfnisse erfüllt und ein selbstbewusstes Leben führt – das heißt ja im ursprünglichen Wortsinne, sich seiner selbst bewusst zu sein – der respektiert seine Wünsche, achtet seinen Körper und reagiert auf die Signale seiner Seele. Und er schöpft aus seinen naturgegebenen Anlagen, die tief in seinem Selbst verborgen sind. Wer sich so seiner Möglichkeiten und Ziele bewusst ist, lebt automatisch gesünder.

Würden wir alle so leben, dann würden wir den wahrscheinlich wichtigsten Beitrag für unsere Gesellschaft leisten. Die würde dann nämlich aus vorwiegend gesundheits- und *selbst*-bewussten Menschen bestehen. Dabei ist paradox: Die Gemeinschaften der modernen Industrienationen kranken ja eigentlich am Egoismus. Der besteht aber nun nicht darin, dass wir Menschen dieses Kulturkreises mit übertriebener Selbstsucht für unsere körperliche und seelische Gesundheit sorgen, sondern ganz offensichtlich daran, dass wir uns von morgens bis abends und oft bis tief in die Nacht um alles Mögliche kümmern (oft im wahrsten Sinne des Wortes), aber gerade nicht um das Wesentliche, nämlich um uns selbst.

Millionen von Menschen vernachlässigen auf diese Weise täglich ihre Gesundheit, nützen nur einen kleinen Teil ihrer schöpferischen Möglichkeiten und verpassen ihr Glück im Leben, das sie oft verzweifelt dort suchen, wo sie es dauerhaft nicht finden werden: in der Welt da draußen.

Selbstfindung und Erleuchtung

Den größten Gewinn, den wir aus regelmäßiger Übung der Transzendentalen Meditation ziehen können, ist daher die Selbstfindung. Es ist das Zurückgewinnen eines eigenen inneren Wertesystems, eines Bezugsrahmens und einer Informationsquelle tief in uns selbst, die uns innere Freiheit, geistige Unabhängigkeit, natürliches Selbstvertrauen (in dem Sinne, dass wir uns selbst trauen) und eine Quelle intuitiven Wissens schenkt. Genau diese Erfahrung wird in den östlichen Kulturen mit dem Begriff „Erleuchtung" beschrieben.

Das Glück ist in dir

„Sofort nun wende dich nach innen, das Zentrum findest du da drinnen..." sagte schon Johann Wolfgang von Goethe

Weise und Heilige aller Zeitalter haben in diesem Sinne den Weg nach innen gefunden und weitergegeben. Ihre wichtigste Aussage war immer und stets: Das Ziel, das du suchst, liegt in Dir, im tiefsten Inneren deines unsterblichen Wesens. *Sucht das Reich Gottes inwendig in euch und alles andere wird euch dazugegeben werden,* sagte Jesus; und Angelus Silesius, der Weise des Mittelalters, formuliert es ganz ähnlich: *Halt an, wo läufst du hin, der Himmel ist in dir. Suchst du ihn anderswo, du fehlst ihn für und für.*

Wenn die Weisen das Ziel des Lebens im Inneren des Menschen preisen, dann werden wir es ebenfalls dort und nur dort finden. Meditation, die Aufmerksamkeit nach Innen wenden, war deshalb nicht nur im spirituellen Osten, sondern auch im christlichen Mittelalter oder in der Weisheitstradition der Ureinwohner vieler Kontinente ein unmittelbarer Weg zu diesem Ziel. Aus dieser Innenerfahrung erwächst Selbsterkenntnis, denn wir erleben ja mehr von uns, tiefere und subtilere Bereiche unseres Wesens, feinere Qualitäten und Inhalte unseres Bewusstseins und schließlich den stillsten Bereich unseres Seins. Dieser ist unveränderlich, er unterliegt nicht mehr den Gesetzen von Raum und Zeit. Es ist der unsterbliche Teil unserer Persönlichkeit. Atma, das Eine, das Tao, der Logos, das Selbst, es gibt so viele Begriffe für diesen offensichtlich so erstrebenswerten Bereich in uns, wie es Weisheitstraditionen und Lehren für den Weg dorthin gab und gibt.

● Das Selbst ist zeitlos und ewig

Körper und Geist unterliegen einem fortwährendem Wandlungsprozess. Unser Organismus ist ein fließendes System. Im Geist verändern sich ständig unsere Gedanken, Gefühle, Empfindungen und Wahrnehmungen, und auch unser Körper baut ständig neue Zellen auf bzw. scheidet alte aus. Nichts steht still, das Uhrwerk des Lebens tickt unaufhörlich und das Rad der Zeit dreht sich unentwegt. Nur eines in uns ist konstant, unveränderlich, ewig, zeitlos: unser innerstes Selbst, d.h. jener Bereich in uns, der jenseits von Gedanken, Erleben und Empfinden liegt und nicht an den sich ständig verändernden Geschehen in Körper und Geist teilnimmt. Das Selbst, in der vedischen Terminologie *Atma* genannt, ist immerwährend in sich ruhend und unsere wahre und einzige stabile Lebensgrundlage. Hier ist unser Zuhause und das wahre Ziel all unseres Strebens nach mehr Glück, Zufriedenheit und Erfüllung.

In der Charaka-Samhita, einer der großen Textsammlungen des Ayur-Veda, die sich mit dem gesunden und langen Leben des Menschen befaßt, wird neben all den medizinischen Anleitungen immer wieder auf den innersten Wesenskern des Menschen und seine unsterbliche Natur hingewiesen: *Das absolute Selbst (unsere Seele) ist unmanifest, es ist der Bereich allen Wissens in dieser Schöpfung und als solcher ewig, universell und unzerstörbar.*

Im Selbst mit allem verbunden

„Der Klang der Erde ist ein Puls in unserem Inneren", sagt Dhyani Ywahoo, eine Weise der Tsalagi-Indianer. Sie gehört einem Volk an, indem eine vertrauensvolle Verbundenheit mit der äußeren Natur und dem Universum zur Grunderfahrung jedes Menschen gehört. Wer sich so mit allem verbunden fühlt, der erkennt die wahren Gesetze des Lebens und lebt in der Geborgenheit des inneren Seins, im Hier und Jetzt. Denn im innersten Selbst begegnen wir dem Universum und erkennen: Das Universum ist Teil unser selbst. Ywahoos tiefe Erkenntnis ist: *Wenn du dein Innerstes verstehst, dann hast du Kenntnis von allen Dingen.*

Erfahrungen von Glückseligkeit

Meditative Erfahrungen dieser Ebene von Seligkeit in uns lassen sich nur sehr unvollständig in Worte fassen. Wenn wir nachfolgend einige Beschreibungen von TM-Meditierenden geben, die ihr inneres Erleben beschreiben, dann sind das subjektive Wiedergaben. Jeder erlebt sie auf seine Weise. Vielfach sind sie weitaus weniger spektakulär, eher unscheinbar, schlicht und einfach. Für manche ist es einfach nur innere Geborgenheit, Ruhe, ein waches Gewahrsein oder tiefe Entspannung und Geborgenheit, die sie erfahren. Andere erleben es als Weite und Ausdehnung des Bewusstseins, als innere, alles umfassende Ganzheit, so wie dieser Meditierende: *„Ich fühlte, wie all die verstreuten Enden meines Lebens in mir zusammengefügt wurden. Dies gab mir ein Gefühl des Ganzseins, von dem ich wusste, dass es mir nicht wieder genommen werden konnte. Ich hatte körperlich das Empfinden, als ob ich in riesige, mich unterstützende Arme gebettet wäre. Ich fühlte mich wie in Licht gebadet."*

Klarheit und Reinheit des Bewusstseins stehen im meditativen Seinserfahren oft in Verbindung mit Liebe, wie bei dieser Meditierenden: *„Ich hatte die Erfahrung solcher Reinheit und Ganzheit, dass, wenn ich sie in Worten ausdrücken würde, diese Sprache köstlich süß wäre und alles in dieser süßen Liebe einschließen würde."*

Die inneren Erfahrungen der Meditation bleiben keine isolierten, nur auf den Augenblick der Meditation begrenzten Erlebnisse, sie setzen sich auch außerhalb der Transzendentalen Meditation fort.

„Mein Herz hat sich außerhalb der Meditation unglaublich erweitert. Ich fühlte mich so, als ob ich alles in diese so herrlich und schnell gewachsene Liebe und Glückseligkeit eingeschlossen hätte. Zusammen mit diesen Gefühlen ist eine großartige Empfindung von Unbesiegbarkeit gekommen."

Seinserfahrungen gehen offensichtlich mit großer innerer Freude, mit Frieden, Licht und dem Gefühl umfassender Ganzheit einher. Der persische Dichter Iranschär hat diese spirituelle Erfahrung in folgendes Gedicht gefasst:

Ich bin im Tempel des Friedens!
Alles schweigt und ruht in mir.
Mein Körper ist still und entspannt.

Die Heilkraft des Schweigens erfüllt mich.
Sie heilt alle meine Leiden
Und gibt mir Kraft und Gesundheit.

Liebe und Frieden, Licht und Freude
Ziehen in mir ein und beleben mich ganz.
Ich fühle himmlische Ruhe in mir!

Alles schweigt in mir!
Gott allein wirkt in mir!
Ich bin erfüllt von seiner Liebe.

In mir ist ein neuer Funke entzündet,
Eine neue Kraft umflutet mich!
Ein neues Leben durchströmt mich!

Ein neues Licht durchstrahlt mich!
Ich will dieses Licht ewig tragen

Und es freudig ergießen
In das Herz der Menschheit!

Heil allen Menschen und Wesen!
Licht allen Menschen und Wesen!

Die Heilkraft des Gebetes von H.K. Iranschär,
1884-1962, Persien

„*Nun kam ein Moment der Verzückung, so intensiv, dass das Universum stillstand, als sei es verblüfft über die unbeschreibliche Erhabenheit des Schauspiels. Nur einer im ganzen unendlichen Universum! Der All-Liebende, der Vollkommene ... In demselben wunderbaren Augenblick dessen, was man himmlische Seligkeit nennen könnte, kam die Erleuchtung..... *„

Ken Wilber: „Wege zum Selbst"

Subjektivität und Objektivität

Nun müssen wir nicht gleich Vollkommenheit und Erleuchtung im Leben erreicht haben, um uns größerer Unabhängigkeit und Selbstbestimmtheit zu erfreuen. Die Transzendentale Meditation ist eine praktische Methode auf diesem Weg und ein nützliches und angenehmes Instrument, uns täglich ein wenig näher zu kommen und immer mehr aus dem eigenen Potential zu schöpfen. Sie gibt uns die Ruhe und Gelassenheit, die wir benötigen, unseren täglichen Aufgaben gerecht zu werden, und sie öffnet uns dem zeitlosen Bezugsrahmen in uns selbst, der allem Leben zugrunde liegt. Aus dieser zutiefst subjektiven Erfahrung und Position gewinnt der Meditierende in sich den objektiven Standpunkt für seine Lebenserfahrungen. Er wird echt, authentisch und „wahr", aus der eigenen Erfahrung heraus.

Das Leben eines jeden Menschen wird dadurch auf allen Ebenen bereichert.

Als religiöser Mensch verstehe ich die Inhalte und Lehren meiner Religion vor dem Hintergrund meiner eigenen spirituellen Erfahrung. Die Werte werden sinnerfüllt. Dogmen und konstruierte Lehrsätze, künstliche Normen verlieren ihre Macht und unterwerfen mich nicht dem Diktat von religiösen Schuldgefühlen. Ich folge natürlichen Gefühlen, die im Herzen jedes Menschen wohnen – frei von Zwang und Illusion.

Im Beruf folge ich meiner Eingebung und inneren Führung und schöpfe aus meinem unendlichen Potential, das sich mir in der Meditation öffnet und mir neue Möglichkeiten erschließt.

In der Familie und im privaten Leben genieße ich die Freiheit eines erholten Nervensystems. Natürlich entspannt kann ich mich des Augenblicks erfreuen und den Wünschen meines Herzens folgen.

● Verantwortung für mein Leben übernehmen

Durch regelmäßige Selbstfindung in der Transzendentalen Meditation werde ich mir meines individuellen Weges bewusst und übernehme Verantwortung für mein Leben. Ich erfahre die Bedeutung und die Reichweite der Resultate meines Handelns aus der Vergangenheit für die Gegenwart und die Zukunft. Dazu verhilft mir die Erfahrung innerer Ganzheit während der Transzendentalen Meditation. Sie verbindet mich mit dem Leben in seiner ganzen Reichweite. Innerer Frieden und ein natürlicher Zugang zu meiner kosmischen Natur, die alles Wissen enthält, werden zur spontanen täglichen Erfahrung.

Transzendentale Meditation sollte auch hier nicht als Wundermittel betrachtet werden. Aber sie ist eine sehr wirksame und einfache Methode, die es jedem leicht macht, auch in unserer lärmenden Welt von heute, ohne in Abgeschiedenheit zu leben, wieder zu sich zu finden.

Maharishi
Mahesh Yogi

Aufgabe der Transzendentalen Meditation
ist es, im flüchtigen Augenblick das Ewige
zu vergegenwärtigen,
die entschwundene Vergangenheit im
Jetzt als Unvergängliches zu bewahren,
das Zeitliche in Überzeitliches
umzuwandeln,
das Sterbliche unsterblich zu machen.

Kapitel 4

WIE MAN DAS VOLLE GEISTIGE POTENTIAL ENTFALTET UND NUTZT

Michael M., ein jetzt 38-jähriger Versicherungsfachmann, war von Jugend an kränklich und voller Angst und Sorgen. Er erschien nahezu wöchentlich ein bis zweimal in meiner Praxis, klagte meist über Bauchschmerzen, Schlafstörungen und Kopfweh und schnappte sich jeden Infekt auf. Damals arbeitete er in der Gärtnerei seiner Eltern. Am meisten plagte ihn die Vorstellung, er würde seiner beruflichen Aufgabe nicht gewachsen sein.

Ich gab mir wirklich viel Mühe, schenkte ihm meine volle Aufmerksamkeit, hörte ihm geduldig zu und gab ihm alle Gelegenheit, seine Sorgen und Bedenken auszusprechen – leider mit wenig Erfolg! Auch alle möglichen pflanzlichen Mittel für Magen, Darm, Nerven und Psyche oder Stärkungspräparate für sein Immunsystem, auch Akupunktur haben wir angewendet – aber sein Grundproblem blieb bestehen.

Aufgrund der umfangreichen wissenschaftlichen Dokumentation und der eigenen guten Erfahrungen, die ich bei Patienten mit Angstsyndromen, nervösen Störungen und psychosomatischen Krankheiten gemacht hatte, bot ich dem Patienten die TM als Entspannungs- und Meditationsmethode an. Gegenüber anderen Methoden, wie dem Autogenen Training, sah ich einige Vorzüge. Vor allem die angenehme Art, die TM auszuüben, ihre leichte Erlernbarkeit und das nicht „Abschalten müssen" schienen mir von Vorteil. Daneben hat diese Technik eine wissenschaftlich bestätigte hohe Wirksamkeit bei Angst und innerer Unruhe.

Er erlernte sie zusammen mit seiner Frau und übt sie seit dieser Zeit – das war vor zehn Jahren – regelmäßig und mit Freude aus.

Seither hat sich sein Leben völlig verändert und seine Gesundheit hat sich umfassend gebessert! Kürzlich kam er wieder in die Sprechstunde und ich befragte ihn, welches Resümee er nach den vielen Jahren ziehen würde und wie es ihm mit der TM ergehe:

„Durch TM habe ich ein wesentlich stabileres Immunsystem erhalten und ich fühle mich rundherum gesund. Auch mein Bewusstsein hat sich verändert. Ich sehe jetzt alles mit anderen Augen. Früher habe ich häufig Alkoholisches getrunken, das brauche ich heute nicht mehr. Beruflich und privat hat sich mein Leben sehr positiv entwickelt. Ich habe den Beruf gewechselt, bin jetzt selbständiger Versicherungskaufmann. Das ist für mich sehr bemerkenswert. Denn allein der Gedanke, ich müsste ohne Absicherung einen selbständigen und noch dazu recht unsicheren Beruf ausüben, war für mich früher Anlass für sorgenvolle Nächte. Ich habe insgesamt eine neue Sicht des Lebens gewonnen."

Ich fragte, ob er sich diese Sicht erarbeitet oder erlernt habe? „Nein, sie hat sich aus mir selbst entwickelt. Ich habe jetzt auch für viel mehr Dinge Interesse. Die TM ist für mich täglich Erholung und gibt mir Energie. Meine ursprüngliche Angst ist eigentlich kein Thema mehr."

● Angst – das offizielle Gefühl unserer Zeit

Viele Menschen leiden heute unter Angst. Sie prägt geradezu unser Jahrhundert. Der frühere amerikanische Außenminister Schlesinger schrieb dazu den bezeichnenden Satz: „Angst ist das offizielle Gefühl unserer Zeit". Unmengen von Büchern beschäftigen sich mit diesem Thema, und die Pharmaindustrie macht jährlich und weltweit einen gigantischen Umsatz mit

Psychopharmaka. Selbst Kinder leiden heute schon unter verschiedensten ernsten psychischen Problemen, und laut einer kürzlich veröffentlichten wissenschaftlichen Erhebung nimmt bereits fast jedes zweite Kind bis zum 12. Lebensjahr ein Beruhigungsmittel.

Was sind die Wurzeln der Angst?

Angst gilt in der Medizin als der gemeinsame Nenner aller geistigen und seelischen Krankheiten und dazu als eine der wesentlichen psychischen Merkmale des Drogensüchtigen, Alkoholabhängigen oder Arbeitssüchtigen („workaholic"). Angst ist ganz offensichtlich ein Lebensgefühl, das den Menschen quer durch seine Historie begleitet und deren Überwindung in Mythen und Heldensagen, in Märchen und Geschichten wie im wirklichen Leben gleichermaßen im Mittelpunkt steht. Um Angst in letzter Konsequenz zu verstehen, muss man sich in ihre Eigenschaften einfühlen. Angst ist das wohl *beengendste* Lebensgefühl (Angst ist abgeleitet von lat. angustus = eng). Befreiung von Angst ist oft gleichbedeutend mit Erlösung von leidvollen Zwängen und Verhaltensmustern, Freiwerden ungeahnter Lebensenergien und Entfaltung latenter Fähigkeiten. Oft ist gerade das, wovor wir Angst haben, das, was wir am dringendsten annehmen, lernen, tun sollten. Wer Angst überwunden und geheilt hat, weiß: Hinter der Angst steht ein unglaublich wohliges Gefühl von Geborgenheit, Frieden, Sicherheit und Wohlbefinden. Es ist gerade so, als ob die Angst eine vollkommene Negativierung, Verdrehung, Pervertierung des positiven Lebensbereiches in uns darstellt.

*„Ein wenig schon von diesem Dharma
befreit von großer Angst"*

Bhagavad Gita

Wie kann tiefe Meditation Angst beseitigen?

Wissenschaftler, die sich mit den Auswirkungen der Transzendentalen Meditation befasst haben, sahen besonders in der tiefen Ruhe und Entspannung die Ursache für seelisches und körperliches Wohlbefinden der Meditierenden. Ruhiger Atem und Herzschlag, hoher Hautwiderstand, entspannte Muskulatur, bessere Durchblutung der Unterarme oder niedrigere Pegel von Stresshormonen im Blut sind Ausdruck von Gelassenheit und das Gegenteil von Anspannung und Angst. Das ist von einer objektiven Ebene aus betrachtet

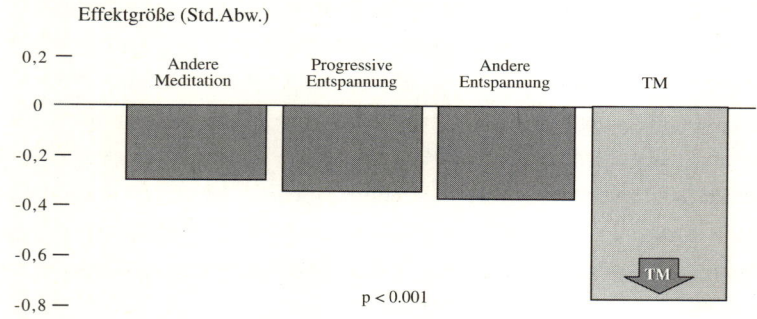

Verminderte Angst

Effektgröße (Std.Abw.)

Andere Meditation — Progressive Entspannung — Andere Entspannung — TM

p < 0.001

Die statistische Methodik der Meta-Analyse dient zur wissenschaftlichen Ermittlung besonders aussagekräftiger Ergebnisse aus großen Datenmengen unterschiedlicher Studien.
Eine Meta-Analyse, die an der Stanford Universität in USA mit allen derzeit bekannten Studien (146 unabhängige Arbeiten) durchgeführt wurde, ergab, dass die Wirkung der Transzendentalen Meditation zur Beseitigung von Angst besser war als die anderer Meditations- und Entspannungstechniken einschließlich progressiver Muskelentspannung. Die Analyse zeigte, dass diese positiven Ergebnisse nicht auf eine subjektive Erwartungshaltung der untersuchten Personen, eine Voreingenommenheit des Experimentators oder die Versuchsmethodik zurückzuführen waren.

Referenzen:
1. *Journal of Clinical Psychology* 45 (1989): 957-974.
2. *Journal of Clinical Psychology* 33 (1977): 1076-1078.

zweifellos richtig. Aber: In unserem inneren Erleben geschieht die Heilung unbewältigter, unerlöster Gefühle und Erfahrungen noch ein Stück umfassender.

Wie erlebt der Meditierende selbst seine innere Heilung?

Viele TM-Ausübende beschreiben Erfahrungen in ihrer Meditation sehr ähnlich und wählen zum Teil gleichlautende Worte, um die Vorgänge der Meditation zu beschreiben. Ein Arztkollege, der TM regelmäßig seit Jahren ausübt, schreibt:

„Ich erlebe dieses Eintauchen als sanftes inneres Zur-Ruhe-kommen: nichts Spektakuläres, aber als etwas sehr Angenehmes und Erholsames. Dabei erfahre ich stillere Ebenen meines Bewusstseins als eher fließend, wie ein sanftes Ausbreiten wohltuender, friedvoller und heilender Energie. Gedanken und Gefühle oder körperliche Empfindungen, die gleichzeitig auftauchen, sind dabei eher Teil dieses angenehm entspannten inneren Bewusstseins. Sie wirken nicht störend.

Ich merke in jeder Meditation, wie alte oder aktuelle Eindrücke, Emotionen oder Körpererfahrungen mir bewusst werden und sich dadurch – ohne ein absichtliches Eingreifen durch mich – wohltuend ordnen oder auflösen und heilsam zur Ruhe kommen. Dabei erfahre ich unverarbeitete Gefühle, zum Beispiel eine nicht bewältigte Angst, als eine Qualität und einen Bereich in meinem Bewusstsein, *der Energie bindet*, die in dem Moment frei wird, wo sie sich unter dem Einfluss von innerer Ruhe auflöst.

Augenblicke des Transzendierens, die mehrmals in einer Meditation eintreten können, erlebe ich so, als ob Stille sich weitet und sich mein Bewusstsein einer erneuernden, energievollen, zutiefst friedvollen Quelle in mir öffnet, aus der heilende Energie in meinen Körper fließt, wie helles Licht, das in vorher dunkle Räume scheint."

Zuerst zur Quelle

Im Gegensatz zu anderen psychologischen Ansätzen, die Angst und andere psychische Probleme zu heilen versuchen, setzt sich der TM-Meditierende in der Meditation nicht direkt, aktiv und absichtlich mit seinem Innenleben auseinander. Der Weg der TM – und er folgt hier ganz der vedischen Auffassung von Heilung – führt zuerst zur Transzendenz, zu innerem Glück, zur Quelle der Gedanken. Wir bewegen uns jenseits der Inhalte und Vorstellungen unseres Bewusstseins, also auch jenseits der Angst, Depression oder anderer psychischer Konflikte. Wir geben einfach dem inneren Arzt die Möglichkeit, sie zu verarbeiten und zu heilen.

So heilt der innere Arzt

Die Technik der TM beinhaltet eine für die Verarbeitung von Konflikten ganz wesentliche Grundhaltung. Der Meditierende nimmt die Gedanken und Innenerfahrungen an. Er verdrängt sie nicht. Unverarbeitete Eindrücke werden so auf sanfte und natürliche Weise gelöst und zwar in einer Reihenfolge und Auswahl, die der innere Arzt selbst, die Selbstheilungsmechanismen unseres Nervensystems, bestimmen und steuern. Die TM unterscheidet sich hier sehr grundlegend von geistigen Techniken oder psychotherapeutischen Methoden, die durch Bewusstwerdung, Konfrontation und erneutes Erleben der Vergangenheit seelische Blockaden zu lösen versuchen.

Das Genie in uns: die Entwicklung des vollen Potentials

„Wenn ich dann jene höheren kosmischen Schwingungen spürte, wusste ich, dass ich mit derselben Kraft in Verbindung stand, die jene großen Dichter und auch Bach, Mozart und Beethoven inspirierte. Dann strömten die Ideen, die ich bewusst suchte, mit solcher Macht und Schnelligkeit auf mich

ein, dass ich nur ein paar fassen und greifen konnte; ich war nie fähig, sie alle kurz zu notieren; sie kamen wie momentane Blitze und entschwanden schnell, wenn ich sie nicht auf Papier festhielt. Die Themen, die in meinen Kompositionen von Bestand sein werden, kamen alle auf diese Weise."

Johannes Brahms

Der geniale Einfall

Zwei amerikanische Forscher, die Biologen Watson und Crick, haben für ihre Entdeckung der Doppelhelixstruktur der menschlichen Erbsubstanz 1962 den Nobelpreis für Medizin bekommen. Sie waren bis zu diesem Zeitpunkt ein noch unbeschriebenes Blatt in der Chronik berühmter Universitätsprofessoren und Wissenschaftler. Noch als Studenten hatten sie den genialen Einfall: Die beiden DNS-Molekülstränge mussten spiralförmig angeordnet sein. Wesentlich renommiertere Wissenschaftler mussten nicht ohne Neid anerkennen, dass die Entdeckung von Watson und Crick weniger auf Fleiß und intensivem Forschen beruhte, sondern fernab der Laboratorien geboren wurde – nämlich auf dem Tennisplatz. Watson war seine Idee während eines Tennisspiels gekommen. In kurzer Zeit und mit relativ wenig Aufwand war dann die Theorie der beiden Jungforscher im wissenschaftlichen Experiment bestätigt.

Der gute Einfall ist kein Zufall

Gute Ein-*fälle*, das weiß man, kommen oft gerade dann, wenn wir am wenigsten damit rechnen. Offensichtlich benötigt es eine gewisse Lockerheit und entspannte Geisteshaltung, um den Genius in uns zu Wort kommen zu lassen. Das hat auch und vor allem mit bestimmten Gehirnfunktionen zu tun. Wenn wir sagen: „Das mach ich doch mit links", dann ist das nicht nur eine Floskel, sondern hat einen realistischen Hintergrund.

Der Künstler und der Wissenschaftler in uns

Bekanntlich haben die linke und rechte Gehirnhälfte gegensätzliche Aufgaben und Funktionen. Unser linkes Gehirn benützen wir immer dann, wenn wir die Welt streng sachlich betrachten, logisch und mathematisch berechnend vorgehen, die Dinge konkret beim Namen nennen und unsere Welt rational zu begründen versuchen. Hier sitzt also mehr der Wissenschaftler in Mann und Frau, wobei tendenziell Männer mehr dazu neigen, diese Hälfte ihrer Möglichkeiten einzusetzen. Wir könnten daher auch sagen: Das linke Gehirn repräsentiert mehr den männlichen Anteil im Menschen. Es hat den Vorteil, dass es „vernünftig" erklärt, was das weibliche, intuitive Denken seines Gegenübers oft nur empfindet, ohne es konkret in Worte fassen zu können. Sie kennen das: Sie haben eine tolle Idee, wissen eigentlich genau, wie es geht, aber es fehlen die Worte, sie zu beschreiben. Die rechte Gehirnhälfte denkt synthetisch, sie fügt Einzelinformationen zu einem Ganzen zusammen, sie fühlt und empfindet global, denkt intuitiv. Sie ist sozusagen der Künstler im Menschen und stellt mehr die weiblichen Eigenschaften der beiden Gehirnhälften dar.

Gemeinsam geht es besser

Die Hirnforschung, die sich in den letzten Jahrzehnten intensiv mit den unterschiedlichen Funktionen verschiedener Gehirnbereiche auseinandergesetzt hat, weiß heute, dass wir unser volles geistiges Potential dann nützen können, wenn keiner der beiden dominiert, sondern beide Partner ganzheitlich zusammenarbeiten. Das berühmte Aha-Erlebnis eines genialen Einfalles resultiert aus einem Moment des Gleichklangs der Aktivität von von rechter und linker Großhirnhemisphäre. Der Neurologe kann eine solche „abgestimmte" Funktionsweise des Gehirns durch computerunterstütze EEG-Ableitungen sehr überzeugend sichtbar machen.

TM synchronisiert Gehirnfunktionen

Eine der bekanntesten Kapazitäten auf dem Gebiet der Gehirnforschung ist Professor Nikolai N. Ljubimov, Leiter des Laboratoriums für Neurokybernetik

Zunahme der Gehirnwellenkohärenz

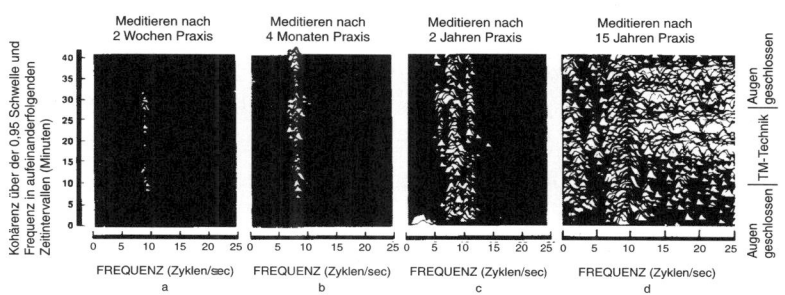

Kohärenz über der 0,95 Schwelle und Frequenz in aufeinanderfolgenden Zeitintervallen (Minuten)

| Meditieren nach 2 Wochen Praxis | Meditieren nach 4 Monaten Praxis | Meditieren nach 2 Jahren Praxis | Meditieren nach 15 Jahren Praxis |

FREQUENZ (Zyklen/sec) — a
FREQUENZ (Zyklen/sec) — b
FREQUENZ (Zyklen/sec) — c
FREQUENZ (Zyklen/sec) — d

Augen geschlossen | TM-Technik | Augen geschlossen

Die EEG-Ableitungen von zwei verschiedenen Stellen am Kopf zeigen während der Transzendentalen Meditation einen erhöhten Grad an Kohärenz, d.h. gleichzeitiger Übereinstimmung von Grundschwingungen. Dies wird in den Abbildungen jeweils als heller „Berg" dargestellt.
Diese Zunahme der neuronalen Koordination entwickelt sich im Verlauf der Zeit bei regelmäßig ausgeübter Meditation.
Abbildung „a" zeigt die Kohärenz bei einem „2 Wochen Meditierenden". Sie liegt im Alpha-wellen-Bereich bei etwa 10 Hz und zeigt u.a. die bei der Meditation erfahrene innere Ruhe an.
In Abbildung „b" ist die Kohärenz eines Meditierenden nach 4 Monaten dargestellt, in Abbildung „c" die eines „2 Jahre Meditierenden" und in Abbildung „d" bei einer seit 15 Jahren meditierenden Person.
Aus den Abbildungen „a-d' ist zu entnehmen, dass sich die Gehirnkohärenz mit der Zeit auf größere Frequenzbereiche ausweitet und sich auch nach der Meditation in der Tagesaktivität fortsetzt. Dies weist auf Stabilisierung der inneren Ruhe und Zunahme der Kreativität hin.
Referenzen:
1. *Psychosomatic Medicine* 46 (1984): 267-276.
2. *International Journal of Neuroscience* 14 (1981): 147-151.

an der Moskauer Akademie der Wissenschaften. Er hat sich in langjähriger Forschung mit dem möglichen geistigen Potential des Menschen befasst und lernte dabei auch die umfangreichen Studien über EEG-Veränderungen während und nach der Meditation bei TM-Praktizierenden kennen. Bereits in den 60er Jahren waren die erstaunlichen Synchronisationsphänomene der Gehirnwellen bei den TM-Ausübenden eingehend untersucht worden. Die Meditierenden zeigten im EEG nicht nur vermehrt sogenannte alpha- und theta-Wellen als Ausdruck eines ruhevollen und wachen Bewusstseins-zustandes. Das Besondere daran war, dass gleichzeitig ein auffallender Gleichklang der Gehirnaktivitäten zwischen linker und rechter, vorderer und hinterer sowie tiefliegenden und oberflächlichen Gehirnabschnitten auftrat. Die Gehirnwellen verhielten sich dabei in hohem Maße kohärent, das heißt sie schwangen phasengleich wie eine gemeinsame Welle, die sich über die Gehirnoberfläche ausbreitete. Prof. Ljubimov fand diese auffallenden Veränderungen auch bei seinen eigenen Untersuchungen an TM-Meditierenden bestätigt. Er kam aufgrund dieser Ergebnisse zu der Überzeugung, dass die TM eine einzigartige geistige Methode ist, „versteckte Hirnreserven freizulegen", also das volle geistige Potential zu entfalten.

● Das Genie in uns

Vor diesem Hintergrund stellt sich sicherlich die Frage: Wie ist es möglich, ein Genie zu sein? Vor einer Antwort gilt es zuerst zu klären, was wir darunter verstehen wollen. Nicht jeder kann wohl ein Mozart, Bach, Einstein oder Goethe sein. Aber mehr Vertrauen auf schlummernde und ungenutzte Fähigkeiten in uns dürfen wir schon haben. Jeder kennt Momente in seinem Leben, wo er Erstaunliches leistet, *die* Idee hat, großes Geschick entwickelt und sagenhaft „drauf ist". Der amerikanische Psychologe Maslow, Mitbegründer der sogenannten humanistischen Psychologie, einer modernen psychologischen Betrachtungsweise des Menschen und seiner geistigen Möglichkeiten, nannte solche besonderen Momente im Leben eines Menschen „Gipfelerfahrungen". Sie kennzeichnen besonders kreative und erfolgreiche Menschen und lassen sich mit den Innen-Erfahrungen spiritueller Menschen aller Kulturen und Zeitalter vergleichen.

● Mehr Kreativität und Lebensfreude

Kreativität, innere Freude, der Wunsch und die Energie zu wachsen, sich auszudrücken und zu entfalten, sind natürliche Eigenschaften und Anlagen des Menschen. Wir müssen sie also nicht trainieren! Nötig ist allein, das schlummernde Potential freizulegen: durch Abbau der Widerstände in Form von unnatürlichen Verhaltens-und Denkmustern, durch die Öffnung eines Zuganges zur Quelle, zu den Ressourcen in uns, durch Ruhe, Erholung und Regeneration.

Letzteres ist eine Erfahrung, die jeder von uns kennt. Nach einem Urlaub, einem erholsamen Wochenende oder einem erquickenden Schlaf fühlen wir uns nicht nur allgemein leistungsfähiger, auch Kreativität, neuer Wissensdurst, Lebensfreude und Tatendrang lassen uns ganz anders an unsere Aufgaben herangehen.

Mit der TM gelangen wir auf natürliche und angenehme Weise zur Quelle aller Kreativität und Energie in uns selbst.

Verbesserte schulische Leistungen

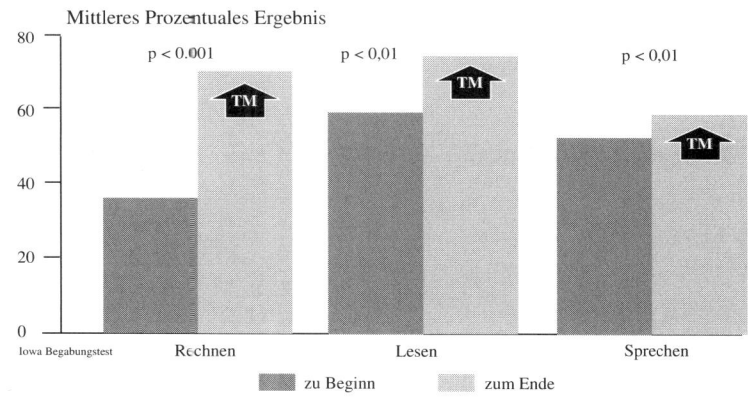

Grundschüler zeigten nach einjähriger Ausübung der Transzendentalen Meditation gemäß dem in den USA standarisierten Iowa-Begabungstest eine hochsignifikante Zunahme ihrer schulischen Leistungen hinsichtlich Rechnen, Schreiben und Lesen. Eine deutliche Leistungssteigerung wurde in einer zweiten Studie bei Oberschülern festgestellt, die an einem Bildungstest teilnahmen. Eine dritte Untersuchung ergab, dass die Zeitdauer, während der Studenten die Transzendentale Meditation ausgeübt hatten, signifikant mit ihrer akademischen Leistung korrelierte – unabhängig von ihren IQ-Werten.

Eine Meta-Analyse aus 42 unabhängigen Untersuchungen ergab weiterhin, dass Transzendentale Meditation wesentlich effektiver ($p < 0,0002$) zur Persönlichkeitsentwicklung eingesetzt werden kann als andere Meditations- und Entspannungstechniken. (Die statistische Methode der Meta-Analyse dient zur wissenschaftlichen Ermittlung besonders aussagekräftiger Ergebnisse aus großen Datenmengen unterschiedlicher Studien).

Referenzen:
1..Education 107 (1986): 49-54 • 2. Education 9 (1989): 302-304 • 3. Modern Science and Vedic Science 1 (1987): 433-468 • 4. Journal of Social Behaviour and Personality 6 (1991): 189-247 • 5. Higher States of Human Development: Perspectives on Adult Growth (New York, Oxford University Press, 1990) 286-341 • 6. Journal of Counseling Psychology 19 (1972): 184-187

Es ist tatsächlich eine tägliche Erfahrung: Nach einer tiefen Meditation kommen wir erneuert, erfrischt und belebt heraus. Es ist, als ob wir in einen Jungbrunnen eintauchen, dessen erfrischendes Quellwasser voller Energie und Heilkraft ist.

Ein äußerst erfolgreicher Kabarettist, in Deutschland einem Millionenpublikum bekannt, meditiert seit 16 Jahren und führt seinen beruflichen Erfolg wesentlich auch auf die TM zurück:

„TM ist die beste Entspannungsmethode für mich, bevor ich auf die Bühne gehe, um dann in die richtige Spannung zu kommen. Aus der Ruhe, die ich in der TM erfahre, gewinne ich außerdem meine Inspiration für neue Ideen. Ich bin richtig dankbar für diese einfache Technik. Sie hat großen Anteil an meinem Erfolg. Meine Wünsche sind beruflich damit zehnmal mehr in Erfüllung gegangen, als ich mir jemals hätte träumen lassen."

● Der praktische Nutzen im täglichen Leben

Nun muss es nicht gleich zum großen Durchbruch kommen, wenn wir uns den noch brachliegenden Fähigkeiten unseres Nervensystems zuwenden. Dennoch scheinen wir von den Möglichkeiten, die uns die Transzendentale Meditation (TM) auch hier eröffnet, im täglichen Leben wesentlich profitieren zu können. So wie etwa Anja, eine Gymnasiastin, für die sich die TM auch in dieser Hinsicht gelohnt hat. Sie schreibt uns: „Ich war nur eine mittelmäßige Schülerin. Nach Erlernen der TM bin ich richtig gut geworden und habe mein Abi mit „Eins" bestanden. Das wäre vorher nicht denkbar gewesen."

● Ruhe und Aktivität sind die Stufen des Fortschritts

Seien wir uns abschließend bewusst, dass alle Entwicklungsprozesse, auch und vor allem geistige, in natürlichen Rhythmen und Zyklen verlaufen und dem Gesetz der Zeit unterliegen. Es ist noch kein Meister vom Himmel gefallen. Ruhe und Aktivität sind die Stufen des Fortschritts. Durch regelmäßiges Eintauchen zu uns selbst können wir mehr von unseren geistigen Möglichkeiten nutzen und sie im täglichen Leben sinnvoll anwenden.

Starfotograph Peter Lindberg profitiert auf diese Weise von der TM: „Wenn man das über Jahre macht, hat das schon einen enormen Einfluss auf die Persönlichkeit. Die Technik an sich ist einfach. Du setzt dich jeden Morgen 20 Minuten hin, schließt die Augen und denkst dein Mantra. Das vertreibt deine Gedanken und Gefühle, und du hast eine tiefe Ruhe. Es ist irre, was das für eine Kraft hat."

Entfaltung des geistigen Potentials wissenschaftlich vielfach bestätigt

Zahlreiche Untersuchungen in den letzten 40 Jahren haben tatsächlich bestätigt, dass die TM geistige Fähigkeiten verbessert. Schüler und Studenten können sich besser konzentrieren, lernen schneller und leichter und verbessern ihr Intelligenzniveau. Auch die Notenabschlüsse verbessern sich dadurch oft dramatisch, die Schüler und Studenten lernen mit mehr Freude und ihre Kreativität verbessert sich. Wichtig erscheint dabei auch, dass einseitige Begabungen zugunsten einer ausgewogeneren Nutzung harmonisiert werden. Der Künstler und der Wissenschaftler im Menschen, rationales, vernunftbegabtes Denken und intuitives Empfinden, werden offensichtlich durch diese Meditationsmethode harmonisch und ausgewogen entwickelt und entfaltet.

Zusammenfassung

TM ist eine wirkungsvolle und angenehme Meditation, die die Ursachen für Angst und anderen Seelenstörungen bei regelmäßigem Anwenden auch als unterstützende Methode zu notwendigen ärztlichen Maßnahmen beseitigen kann. Sie führt zu einer Integration der Gehirnfunktionen und entfaltet brachliegendes geistiges Potential. Die umfangreiche wissenschaftliche Literatur zeigt, dass die Transzendentale Meditation dadurch die Gesamtpersönlichkeit positiv entwickelt, z.B.:

► Tiefe Ruhe und Entspannung in Geist und Körper
► Mehr inneres Glück

► Größere psychische Stabilität

► Größerer Optimismus

► mehr Energie

► Abbau von Ängsten

► Verringerte Inanspruchnahme des Arztes wegen psychischer Erkrankungen und verringerter Verbrauch von Psychopharmaka

► Verbesserte Kontaktfreudigkeit

► Verminderte Depressionsneigung

► Zunahme von Toleranz und positiver Selbsteinschätzung

► Erhöhte Wertschätzung anderer

► Zunehmende Lebensfreude

► Verbesserte Harmonie mit dem Ehepartner

Entspannungsverfahren im Vergleich

Die wissenschaftliche Literatur, die sich mit den Wirkungen der Transzendentalen Meditation auf verschiedene Persönlichkeitsmerkmale befasst, ist heute äußerst umfangreich und dadurch sehr aussagekräftig. In einer Meta-Analyse, die an der Stanford-Universität in den USA mit allen derzeit vorliegenden nahezu 150 unabhängigen Studien durchgeführt wurde, schnitt die TM in ihrer Wirkung, Angst abzubauen, deutlich besser ab als andere Entspannungs und Meditationsmethoden einschließlich progressiver Muskelentspannung. Die Analyse zeigte auch, dass diese positiven Ergebnisse nicht auf eine subjektive Erwartungshaltung der untersuchten Personen, eine Voreingenommenheit des Experimentators oder die Versuchsmethodik zurückzuführen war.

Göran Ekvall, Professor für angewandte Psychologie, Universität Lund, Schweden	*„Fundierte psychologische Studien haben gezeigt, dass Personen, die die Transzendentale Meditation ausüben, ein größeres Selbstbewusstsein und höhere Spontaneität haben. Mit dem TM-Programm werden die Persönlichkeiten kreativer und innovativer."*

Veda Demarin, Professor für Neurologie, Chefärztin der neurologischen Abteilung am Uni-Klinikum in Zagreb, Kroatien:

„Unsere eigenen wissenschaftlichen Untersuchungen an Ausübenden der Transzendentalen Meditation ergaben starke Hinweise dafür, dass Personen, die diese geistige Technik anwenden, ihre kognitiven Fähigkeiten bedeutend verbessern."

Professor Nikolai N. Ljubimov, Leiter des Laboratoriums für Neurokybernetik an der Moskauer Akademie der Wissenschaften:

„Transzendentale Meditation führt Veränderungen an den Gehirnwellen herbei, wie wir sie bei sehr kreativen Menschen finden. Da TM diese Fähigkeit besitzt, sollte sie jeder ausüben."

Dr. Kenneth Eppley, Forscher am Stanford Research Institute in den USA:

„Transzendentale Meditation erweist sich klar als die effektivste Meditationsmethode überhaupt, um Stress und Angst zu überwinden"

TM ist auch eine der wirksamsten und bestuntersuchten therapeutischen Ansätze im Strafvollzug.

Richter David Mason, St.Louis, USA:

„Meine Begutachtung der Transzendentalen Meditation hat mir gezeigt, dass die TM ein ausgezeichnetes Mittel ist, um Selbstwertgefühl, Selbstkontrolle und Widerstandskraft in sich selbst zu erzeugen. Ein Mangel dieser Qualitäten ist der Hauptfaktor für Jugendkriminalität. Es hat sich gezeigt, dass bereits eine bedeutende Zahl Straffälliger erfolgreich einen Rückfall vermeiden konnte, indem sie die TM erlernten und ausübten."

*„Gesundheit ist nicht alles,
aber ohne Gesundheit ist
alles nichts."*

Schopenhauer

Kapitel 5:

GESUNDER GEIST,
GESUNDER KÖRPER

Wenn man die Teilnehmer von TM-Grundkursen nach ihren Motiven befragt, warum sie TM erlernen wollten, dann geben mehr als 50% an, dass sie durch die Ausübung der Transzendentalen Meditation eine bessere Gesundheit erwarten. Wie kann die Transzendentale Meditation dies leisten?

Bei der bisherigen Erklärung der Wirkungsweise der TM haben wir schon erkennen können, dass TM uns mit dem innersten Bereich unserer Existenz in Kontakt bringt. Dieser Bereich ist eine Ebene der inneren Balance, die Geist und Körper gleichermaßen zugrunde liegt. Hier liegt die Basis für gute Gesundheit.

Die zeitlosen Texte der Vedischen Medizin bezeichnen Gesundheit als *svasthya* – wörtlich übersetzt heißt das: *im eigenen Selbst gefestigt*. Da die Transzendentale Meditation genau diese Rückverbindung zum eigenen Selbst ermöglicht, liegt nur hier der Erklärungsansatz für die offensichtlichen Verbesserungen der Gesundheit durch regelmäßige Meditation.

Zusätzlich haben umfangreiche wissenschaftliche Untersuchungen in den letzten 35 Jahren überzeugende Belege für grundlegende gesundheitsfördernde Wirkungen der TM geliefert. Aus medizinischer Sicht wird als wesentliche Ursache für diese Effekte die tiefe körperliche Ruhe, die sich während der TM einstellt, angesehen. Die physiologischen Entsprechungen dieser durch Meditation erzeugten außergewöhnlich tiefen Entspannung wurden bereits Ende der 60iger Jahre ausführlich erforscht. Die wesentlichen Ergebnisse dieser umfangreichen Forschung sollen hier dargestellt werden:

● Ruhestadien während der Transzendentalen Meditation

Veränderungen der Atemfrequenz und des Sauerstoffverbrauchs (beide werden hauptsächlich durch das vegetative Nervensystem gesteuert) sind deutliche Parameter für einen einzigartigen Entspannungszustand durch TM. Bei einem mehrstündigen Tiefschlaf sinkt der Sauerstoffverbrauch um ca. 10%, aber während der TM verringert er sich in wesentlich kürzerer Zeit sogar um ca. 20%. Wenn man die Kurve der Atemzüge (Spirogramm) betrachtet, kann man vor allem bei fortgeschrittenen Meditierenden immer wieder mehrere Sekunden andauernde Atemstops feststellen. Diese unwillkürlichen Atempausen treten vor allem dann auf, wenn der Meditierende auch subjektiv tiefe Entspannung und Stille während der Transzendentalen Meditation erlebt, also in Augenblicken der Transzendenzerfahrung.

● Zunahme von „Glückshormonen", Abbau von Stresshormonen

Bei TM-Ausübenden wurden die Effekte regelmäßiger Tiefentspannnung auf das System der Hormone und Botenstoffe in zwei Bereichen beobachtet: Stresshormone wie Cortison und Adrenalin nehmen deutlich ab, und zwar nicht nur während der TM, sondern auch nach der Meditation im Alltag. Gleichzeitig nehmen die hormonähnlichen Substanzen deutlich zu, die von Forschern mit Entspannung, Wohlbefinden und geistig-körperlicher Ausgeglichenheit in Verbindung gebracht werden. Zu diesen Substanzen gehören zum Beispiel Serotonin und Melatonin.

● Erforschung des Bewusstseins: eine neue Herausforderung für die Wissenschaft

Dass Meditation überhaupt messbare körperliche Auswirkungen hat, ist eine wissenschaftliche Erkenntnis der jüngeren Vergangenheit, an der von

Abnahme von Stresshormon

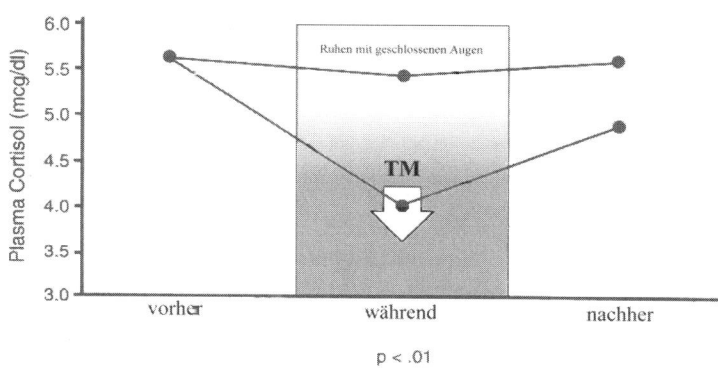

Cortison ist ein Stresshormon. Diese Studie zeigt, dass der Cortisonspiegel im Blut während der Transzendentalen Meditation absinkt und auch nach der TM niedriger bleibt. Beim gewöhnlichen Ausruhen mit geschlossenen Augen tritt keine signifikante Veränderung ein.
Literatur: Adrenocortical activity during Transcendental Meditation, Hormones and Behaviour 10 (1): 54-60, 1978

Maharishi Mahesh Yogi inspirierte Forscher wesentlichen Anteil hatten und haben. Jahrhundertelang galt Meditation als etwas „Metaphysisches", also nicht zum Körper gehörendes. Im Jahr 1968 erschien die erste Dissertation über messbare Veränderungen während und nach Ausübung der Transzendentalen Meditation im menschlichen Körper. Autor dieser Pionierarbeit war Dr. Robert Keith Wallace.

Seither sind über 600 akademische Studien über die Wirkungen von TM veröffentlicht worden, viele davon auch über konkrete Auswirkungen bei bestimmten Krankheitsbildern.

Aus der medizinischen Literatur und aus der täglichen Praxis wissen wir, dass ein hoher Prozentsatz aller Krankheiten psychosomatischen Ursprungs ist, dass also ein Ungleichgewicht im geistig-seelischen Bereich zu körperlichen Beschwerden und letztlich auch Krankheiten führt (die Angaben variieren von 50 bis 90% aller Krankheiten). Damit ist die große Zahl der Beschwerden gemeint, die zwar subjektiv zu deutlicher Einschränkung im Wohlbefinden führen, aber mit den modernen diagnostischen Maßnahmen wie Computertomographie, Ultraschall, Labortests etc. nicht greifbar

Ken Wilber über die Meditationsforschung von Dr. Keith Wallace:

„Im Jahre 1970 veröffentlichte R.K. Wallace in der angesehenen Zeitschrift „Science" eine Beitrag mit dem Titel „Physiological Effects of Transcendental Meditation". Wallaces Untersuchungen, die später von anderen bestätigt wurden, zeigten, dass im meditativen Zustand in der Physiologie des Körpers vom Stoffwechsel bis zu den Gehirnwellen sehr reale und machmal sehr dramatische Veränderungen auftreten. Auf der Grundlage dieser reproduzierbaren Daten kam Wallace zu dem Schluss, dass der meditative Zustand ein „vierter Bewusstseinszustand" und ebenso wirklich ist wie der Wach-, der Traum- und der Tiefschlafzustand (weil z.B. bei allen vier Zuständen das EEG charakteristische Kurvenbilder liefert). Diese Forschungsarbeit bewirkte möglicherweise mehr für die Legitimierung des meditativen Zustandes (jedenfalls im Westen) als alle Upanishaden zusammengenommen, denn sie zeigte klar, dass Meditation, was auch immer sie sonst noch sein mag, nicht bloß subjektive Phantasie, wirkungslose Tagträumerei oder eine lethargische Trance ist. Sie ruft dramatische und wiederholbare Veränderungen im ganzen Organismus hervor, vor allem in den elektrischen Potentialen des Gehirns, das als der Sitz des Bewusstseins gilt. "

gemacht werden können. Jeder Arzt kennt in seiner Praxis zahlreiche Patienten, die darunter leiden. Sie berichten, wie sich Ärger auf den Magen schlägt, Angst das Herz jagen lässt oder Unsicherheit Geist und Körper lähmt. Diese Menschen werden trotz ihrer Beschwerden oft nicht ernst genommen und nicht behandelt, solange keine organische Erkrankung vorliegt. Auch die Bemerkung, die Beschwerden seien ohnehin „nur psychisch", ist für den oder die Betroffenen kein Trost.

● TM ist eine Basistherapie

Aufgrund unserer langjährigen Praxis können wir Transzendentale Meditation in jedem Krankheitsstadium empfehlen. Patienten, die an organischen Krankheiten leiden, profitieren von TM durch die tiefe Ruhe, die sie erleben und die ihre Selbstheilungskräfte mobilisiert. Psychosomatisch verursachte Leiden andererseits werden durch TM an der Wurzel angegangen.

Nachfolgend stellen wir einige Krankheitsbilder vor, bei denen wir in unserer täglichen Praxis besonders günstige Wirkungen der TM beobachten konnten und die auch entsprechend wissenschaftlich untersucht sind.

Bluthochdruck

Bluthochdruck gehört zu den Krankheitsbildern, die für Ärzte eine besondere Herausforderung darstellen. Für die meisten Patienten verläuft die „Krankheit" völlig symptomlos, aber dennoch sind große Risiken mit der Hypertonie verbunden: Ist der Blutdruck nur geringfügig über der Norm, steigt die Wahrscheinlichkeit, in der Folge an schweren Herz-Kreislaufleiden zu erkranken, um ein Vielfaches. Ca. 20 Millionen Menschen im deutschen Sprachraum, also etwa ¼ der Bevölkerung, weisen einen erhöhten Blutdruck auf, und noch immer sind mehr als 50% aller Todesfälle bei uns auf Herz-Kreislauferkrankungen zurückzuführen.

Über 90% aller Bluthochdruckpatienten haben eine sog. „Essentielle Hypertonie", also eine Erhöhung des Blutdrucks, die nicht durch organische Veränderungen an Blutgefäßen, Nieren oder Hormondrüsen bedingt ist. Die Standardtherapie der modernen Medizin ist hier eine lebenslängliche medikamentöse Behandlung, aber nur ca. 20 bis 30% aller Bluthochdruckpatienten nehmen ihre Medikamente regelmäßig ein. Warum? Die Begründung ist einfach. Viele von ihnen spüren von ihrer Krankheit weniger als von den Nebenwirkungen der Tabletten! Diese können von Müdigkeit über Potenzstörungen, Muskelschmerzen und chronischem Husten bis zu Herzmuskelschäden reichen.

● Stress lässt den Blutdruck steigen

Da bei der essentiellen Hypertonie Stress und andere psychosoziale Faktoren eine wesentliche Rolle spielen, bietet sich die Transzendentale Meditation geradezu als Alternative oder Ergänzung zur herkömmlichen Therapie an. Stress, innerer Druck, Getriebenheit, ungelöste Probleme, emotionale Extremsituationen in Beruf und Familie, falsch verstandener Ehrgeiz oder Überarbeitung setzen einen ständigen „Kampf-Flucht"-Reflex in unserem

Physiologische Anzeichen tiefer Ruhe

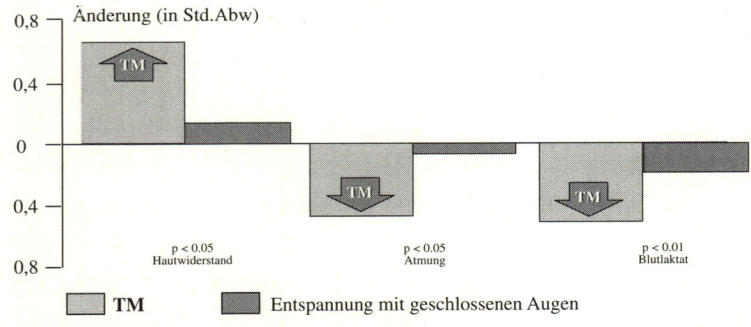

Eine Meta-Analyse (*) verschiedener wissenschaftlicher Untersuchungen hat ergeben, dass die Technik der Transzendentalen Meditation im Vergleich zu einer normalen Ruhephase mit geschlossenen Augen eine hochsignifikante Erhöhung des Hautwiderstandes bewirkt. Das zeigt eine sehr tiefe Ruhe während der Meditation an. Im Vergleich zu einer üblichen Erholungsphase mit geschlossenen Augen konnte während der Meditation zudem eine wesentlich stärkere Abnahme der Atemfrequenz und des Blutlaktatgehaltes festgestellt werden, was wiederum auf einen Zustand ungewöhnlich tiefer innerer Ruhe und Entspannung hinweist. Diese physiologischen Änderungen treten spontan ein, wenn der Geist mühelos zur Erfahrung des Zustandes ruhevoller Wachheit gelangt: Transzendentales Bewusstsein.

(*) Die statistische Methodik der Meta-Analyse dient zur wissenschaftlichen Ermittlung besonders aussagekräftiger Ergebnisse aus großen Datenmengen unterschiedlicher Studien. **Referenzen:**
1. American Psychologist 42 (1987): 879-881
2. Science 167 (1970): 1751-1754
3. American Journal of Physiology 221 (1971): 795-799

System in Gang, der letztlich zu einer dauernden Erhöhung des Blutdrucks führen kann. Wenn der Betroffene aber wieder die natürliche Fähigkeit erwirbt, in einer solchen Situation gelassen und ruhig zu bleiben, bestehen die besten Aussichten für eine Besserung oder Normalisierung des Blutdrucks. Bei TM-Ausübenden wurde oft schon in der ersten Woche nach der Unterweisung in die Meditation eine bemerkenswerte Anpassung an Stressreize festgestellt.

⬤ Entlastung bei Hochdruckkrisen

Wir haben in unseren Praxen oft solche Situationen erlebt: Frau Dora G., 65 Jahre, hat in den letzten Jahren zunehmend höhere Blutdruckwerte und wird vom beigezogenen Internisten auf immer höhere Dosen von Blutdruckmedikamenten eingestellt. Mit jeder zusätzlichen Tablette fühlt sie sich schlechter und hat trotzdem immer wieder Blutdruckkrisen, die weitere Medikamente bei Bedarf notwendig machen. Als ihre einzige Tochter an einem Blut- und Drüsenkrebs erkrankt, gerät der Blutdruck völlig außer Kontrolle. Nach langem Hin und Her entscheidet sie sich endlich, Transzendentale Meditation zu erlernen. Schon nach wenigen Tagen fühlt sie sich besser, nach ca. 3 Monaten hat sie keine Blutdruckkrisen mehr, nach weiteren 3 Monaten kommt sie mit nur einer leichten Blutdrucktablette am Tag aus und ist überglücklich: „Die vielen negativen Gedanken, die mich früher oft sehr belastet haben, sind wie weggeblasen, und ich habe diese Erschöpfungszustände nicht mehr."

⬤ Positive Nebenwirkungen

Herr Walter M., 45 Jahre, sollte auf ein Blutdruckmittel eingestellt werden, weil bei ihm ständig Werte über 150/100 gemessen werden. Aber Herr M. wehrt sich dagegen. „Gibt es denn keine andere Möglichkeit als Tabletten?"

Den Vorschlag, TM zu erlernen, nimmt er dankbar an. Nach etwa 3 Monaten sind seine Blutdruckwerte immer im Normbereich – ohne Tabletten. Und auch Herr M. spürt „positive Nebenwirkungen": „Ich schlafe schneller ein und bin morgens besser ausgeruht. Außerdem schmecken meine

Zigaretten nicht mehr!" Zwei Wochen später konnte er auch relativ problemlos das Rauchen einstellen.

Angeblich nichts gespürt

Für Heiterkeit beim ersten Folgetreffen zwei Wochen nach dem Erlernen der TM sorgte der etwas griesgrämige Herr G., 60 Jahre alt und seit einem Jahr im Ruhestand. „Wie war die Meditation?" fragte ich ihn. „Ich habe nichts gespürt."

„Was hat sich sonst in den zwei Wochen getan?" „Gar nichts!" – „Und wie war der Blutdruck?" – „Ja, der war normal." – „Haben Sie denn Ihre Tabletten genommen?" – „Nein, die hab ich natürlich nicht mehr genommen, der Blutdruck ist ja seit zwei Wochen in Ordnung!"

Zahlreiche Studien belegen Effektivität

Die Erfahrung, die wir mit unseren Bluthochdruckpatienten gemacht haben, decken sich weitgehend mit Ergebnissen der Forschung über Transzendentale Meditation und Bluthochdruck. Seit Mitte der 70iger Jahre gibt es ca. 30 Veröffentlichungen in diesem Bereich. Als wissenschaftliches Ereignis, das nicht nur in der renommierten Ärzte-Zeitung "Hypertension" der Amerikanischen Herzgesellschaft veröffentlicht, sondern auch in weltweiten Pressemeldungen bekannt gemacht wurde, gelten die Arbeiten der Professoren Dr. Alexander und Dr. Schneider aus den USA. Diesem Forschungsteam ist es erstmals gelungen, die Wirkung einer nicht-medikamentösen Behandlung des Bluthochdrucks, nämlich der Transzendentalen Meditation, nach den harten Kriterien der modernen Wissenschaft in einer randomisierten (das heißt nach Zufall ausgewählten Studiengruppen), kontrollierten Studie zu beweisen.

TM so wirksam wie Blutdruckmedikamente

Das Ergebnis dieser Studie an farbigen US-Amerikanern – eine Bevölkerungsgruppe, die überdurchschnittlich häufig und schwer therapierbar an hohem Blutdruck leidet – war für Wissenschaftler überraschend: nach etwa

3 Monaten TM sank der Blutdruck ungefähr im gleichen Ausmaß wie bei einem milden blutdrucksenkenden Medikament. Allerdings mit einem wesentlichen Unterschied: die Probanden berichteten über „positive Nebenwirkungen" wie mehr Energie und ein positives Lebensgefühl. Ein 62-jähriger Studienteilnehmer berichtet: „TM hat mein ganzes Leben verändert. Mein Blutdruck ist um 14 Punkte zurückgegangen, und ich kann sagen, dass ich mich ständig entspannt und gesund fühle!"

Senkung von hohem Blutdruck

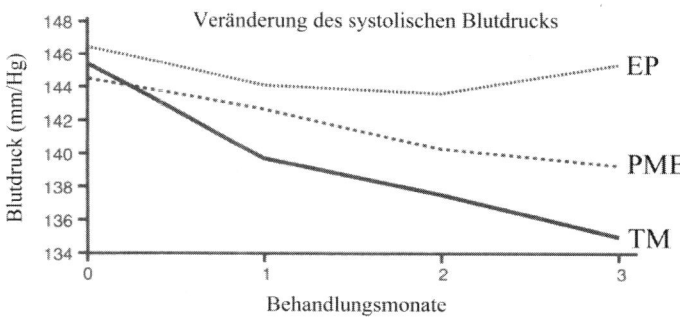

In einem klinischen Experiment mit älteren farbigen US-Bürgern (Durchschnittsalter 66 Jahre) wurde die Transzendentale Meditation (TM) mit der Progressiven Muskelentspannungsmethode (PME) verglichen. Eine weitere Vergleichsgruppe nahm an einem Erziehungsprogramm zur Veränderung des Lebensstils (EP) teil, ohne eine Entspannungstechnik auszuüben. Transzendentale Meditation senkte den systolischen und den diastolischen Blutdruck über die Zeitdauer des Versuchs von drei Monaten etwa doppelt so stark wie die Progressive Muskelentspannungsmethode und sieben Mal stärker als das Erziehungsprogramm.
Literatur: A Randomized Controlled Trial of Stress Reduction for Hypertension in Older African Americans. Volume 28:2, 1996, 223-227

TM wirksamer als Jakobson-Entspannung

Bei dieser Studie konnte auch gezeigt werden, dass TM den Bluthochdruck wahrscheinlich effektiver senkt als andere Entspannungsmethoden. Im Vergleich zur Progressiven Muskelrelaxation nach Jacobson, einem anerkanntem Entspannungsverfahren, war die TM doppelt so wirksam. Sie senkte den Blutdruck überdies siebenmal stärker als eine gezielte Änderung von Lebensstil und Ernährung.

Die amerikanischen Gesundheitsbehörden (National Institute of Health) waren von diesem Ergebnis so beeindruckt, dass sie für weitere Untersuchungen in diesem Bereich mehere Millionen US$ an Forschungsgeldern zur Verfügung stellten.

Zusammenfassung:

Laut wissenschaftlicher Forschung ist

▶ Transzendentale Meditation bei essentieller Hypertonie (Bluthochdruck infolge von Stressbelastung) ähnlich wirksam wie ein mildes blutdrucksenkendes Medikament, jedoch ohne schädliche Nebenwirkungen und mit wesentlich geringeren Kosten als die konventionelle medikamentöse Therapie.

▶ Aufgrund unserer Erfahrung können Hyertoniepatienten je nach Schweregrad der Erkrankung von TM eine der folgenden Wirkungen erwarten: Bei leichter Erkrankung ist eine ausreichende Einstellung des Bluthochdrucks oft schon nur mit TM möglich. Dadurch kommt es zu einer wesentlichen Ersparnis an blutdrucksenkenden Medikamenten. In sehr schweren Fällen, bei denen eine medikamentöse Behandlung bisher unbefriedigend war, ist zumindestens eine wesentlich bessere Einstellbarkeit der Hypertonie auf Normalwerte mit TM gegeben.*

---

* In unserem Buch „Ayurveda bei Bluthochdruck und Herz-Kreislaufkrankheiten", im Sammelband „So heilen Sie wirklich" des Orbis-Verlags, beschreiben wir dem interessierten Leser zahlreiche weitere bewährte und ergänzende Behandlungsmöglichkeiten aus dem ganzheitlichen Heilsystem des Maharishi Ayur-Veda.

Herz- und Kreislauferkrankungen

„Stellen Sie das Rauchen ein, reduzieren Sie den Fettverzehr und werden Sie körperlich aktiv!" Das sind die Empfehlungen der Kardiologen Europas. Damit haben sie im August 98 bei ihrem bisher größten wissenschaftlichen Kongress eigentlich keine neue Botschaft verkündet. Denn all das ist seit Jahren bekannt, und dennoch halten sich nur wenige Herzrisikopatienten daran. Deswegen sterben alleine in der Europäischen Union mehr als 1.500.000 Menschen jährlich an Herzkrankheiten; Tendenz trotz laufender Aufklärung über die Medien und zunehmend kostenintensiver Behandlungsmethoden unverändert steigend. Dabei, so das Ergebnis des obengenannten Kongresses, wären 80% dieser Todesfälle durch Umstellung der Lebensgewohnheiten weitgehend vermeidbar gewesen.

Warum halten sich die gefährdeten Menschen nicht daran? Sind diese Empfehlungen zu kompliziert?

Keineswegs. Es sind ganz andere Gründe: Die Menschen sind so gestresst, so gefangen von ihren täglichen Aktivitäten, dass sie kleine, aber gefährliche Ausflüchte brauchen, um wenigstens ein paar Minuten täglich wirklich genießen zu können: die Zigarette zum Kaffee, etwas Süßes zwischendurch, ein üppiges (und dadurch fettreiches) Essen, um etwas ruhiger zu werden, einen gemütlichen Abend vor dem Fernseher, um den Alltag zu vergessen, anstatt sich körperlich zu bewegen.

Darauf wollen Sie doch nicht verzichten, wenn Sie meditieren? Müssen Sie auch nicht! Aber wie viele andere Menschen werden auch Sie feststellen, dass Sie allein durch zweimal täglich 15-20 Minuten TM bereits wesentlich ruhiger werden. Das kann schon einmal ein Grund dafür sein, einige „Stresszigarettchen" weniger zu rauchen. Und dann werden Sie feststellen, dass Ihr Körper ganz anders auf „Genüsse" reagiert, die eigentlich für ihn schädlich sind. Es kann Ihnen passieren, dass die Zigarette nicht mehr so gut schmeckt wie früher, dass Ihnen schweres Essen auf einmal wirklich zu schwer wird oder dass Ihnen ein Abendspaziergang in der Natur interessanter vorkommt als ein Fernsehabend.

So werden Sie mit Hilfe der Transzendentalen Meditation ganz mühelos, manchmal fast unbemerkt, Ihre Lebensgewohnheiten ändern und der Empfehlung der Herzspezialisten nachkommen können. Damit erfüllt die TM genau die Forderungen der modernen Medizin, was die Prävention anbelangt.

Und genauso effizient ist TM auch in der Rehabilitation von Herz- Kreislauferkrankungen, zu denen **Herzinfarkt, Schlaganfall und Durchblutungsstörungen** der Arme bzw. Beine gehören.

● Mit TM kam der Umschwung

Frau Doris K., eine attraktive ca. 50-jährige leitende Bankangestellte erzählt etwas stockend:

„Ich hatte einen Herzinfarkt und zwei Schlaganfälle. Meine halbseitige Lähmung hat sich nach zweijähriger Rehabilitation deutlich gebessert, aber ich leide noch sehr unter meinen Wortfindungsstörungen. Je größer der Druck, umso schwieriger ist es für mich, die richtigen Worte zu finden. Aber ich hatte Glück und lebe noch, und mein Arbeitgeber vertraut mir weiter. Warum das Ganze gekommen ist? Einfach zu viel Stress, zuviel geraucht. Ich habe alles zu genau gemacht und zu persönlich genommen. Die Transzendentale Meditation habe ich erlernt, weil ich in meiner Rehabilitation auf einmal keine Fortschritte mehr machte. Mit TM ging es dann aber „Schlag auf Schlag": ich konnte auch ohne Medikamente wieder viel besser schlafen, meine Blutdruckmittel konnten in wenigen Wochen vom Arzt halbiert werden, und das Schönste ist, dass auch die Sprache wieder viel besser fließt. Ich lasse mich auch nicht mehr so leicht stressen, kann alles viel ruhiger angehen. Trotz der schlimmen Folgen meiner Krankheit kann ich die Zukunft jetzt wieder positiv sehen."

● Wieder bessere Durchblutung der Beine

Herr Josef F., 60 Jahre und seit kurzer Zeit im Ruhestand, leidet an Durchblutungsstörungen der Beine. „Unangenehm ist nicht nur, dass ich nach kurzer Gehstrecke Schmerzen in den Beinen bekomme. Was mich am meisten stört, ist das Kältegefühl in den Beinen. Ich konnte deswegen auch nicht lange ruhig sitzen und auch nicht einschlafen. Ich konnte es kaum glauben, als schon bei meinen ersten Erfahrungen mit TM ein Wärmegefühl in den Beinen auftrat."

Dieses Wärmegefühl kommt von einer besseren Durchblutung während der Ausübung der Meditation. Forschungen konnten nachweisen, dass der Blutfluss in den Extremitäten in der Zeit der TM um ca. 20% zunimmt und auch noch nach der Meditation besser bleibt.

Entlastung des Herzens

Auch die Wirkung von TM auf Patienten, die an **Angina Pectoris** (Herzschmerzen durch Verengung der Herzkranzgefäße) erkrankt sind und/oder einen **Herzinfarkt** überstanden haben, ist sehr gut untersucht. Man konnte feststellen, dass meditierende Herzpatienten mehr körperliche Belastung vertragen konnten, ohne dass Herzschmerzen oder Veränderungen am EKG festzustellen waren. Mehrere Gründe werden für diese positiven Veränderungen angeführt: Verringerung oder Normalisierung zu hohen Blutdrucks, direkte Erweiterung der Herzkranzgefäße, Normalisierung des Cholesterinspiegels, verbesserte Herzkraft und schließlich die Beseitigung von Freien Radikalen durch TM.

Frage nach dem Sinn des Lebens

Ein akutes Ereignis wie ein Angina Pectoris-Anfall oder ein Herzinfarkt ist immer mit enormer Angst und Schmerzen verbunden – Empfindungen also, die den Betroffenen dazu veranlassen, sein Leben Revue passieren zu lassen und danach zu fragen: „Warum passiert das gerade mir? Was habe ich falsch gemacht?" Gerade in dieser Lebenssituation ist man offen für eine Umkehr und für Antworten auf die Frage nach dem Sinn des Lebens. Wer jetzt den Entschluss fasst, sich neuen Ideen und Konzepten zu öffnen wie sie z.B. der Maharishi Ayur-Veda liefert, oder sich in der Meditation mit der direkten Erfahrung des eigenen Selbst in der einfachsten Form unseres

Bewusstseins auseinanderzusetzen, macht oft einen großen Schritt in Richtung Heilung. Selbstrückbezug durch die Erfahrung von tiefer Stille in der Transzendentalen Meditation und das Verstehen der ganzheitlichen Prinzipien eines Lebens in Einklang mit den Naturgesetzen erschließt neue Blickwinkel und gibt Antworten auf die fundamentalsten Lebensfragen.

● Offenheit für tiefgreifende Veränderungen im Leben

Ein Beispiel für eine derartige Transformation ist Herr Johann D., 50 Jahre, der in einer großen Firma für die Koordination des Außendienstes und die Bearbeitung von Reklamationen verantwortlich war. Ständig am Telefon und dauernd unter Zeitdruck, hatte er schon seit Jahren hohen Blutdruck. Dann kamen in besonders aufregenden Situationen leichte Herzschmerzen und Enge in der Brust dazu – und eines Tages, im Büro, hochakute Schmerzen in der linken Brusthälfte, die in den linken Arm ausstrahlten – Herzinfarkt. Akutmaßnahmen in der Klinik retteten sein Leben, und nach einigen Wochen kam er von Krankenhaus und Reha-Zentrum nach Hause, noch viel zu schwach, um seine ursprüngliche Tätigkeit wieder aufnehmen zu können. Er fiel in ein großes Loch von Depressionen – sein Leben erschien ihm ohne Arbeit völlig sinnlos. In dieser Situation erlernte er die Transzendentale Meditation. Viel deutlicher als bei anderen Entspannungsmethoden, die er im Reha-Zentrum kennengelernt hatte, erlebte er innere Zufriedenheit und Ausgeglichenheit. Als er nach Monaten seine Arbeit wieder aufnahm, merkte er, dass sich jede Faser seines Körpers dagegen wehrte, wieder in die gleiche Mühle zu kommen. Einige Wochen später musste er feststellen, dass die gleichen Symptome wie kurz vor dem Herzinfarkt auftraten. Sollte er eine Umschulung mit 50 Jahren noch wagen? Er tat es – und ist glücklich. Unmittelbar nach Beendigung seiner Managerkarriere hörten seine Beschwerden auf. Er ist erfüllt von seiner neuen Aufgabe, die ihm eine völlig neue Verantwortung, aber auch eine viel größere Befriedigung bietet. Einen kleinen Nachteil im Einkommen nimmt er augenzwinkernd in Kauf – er hat viel an Lebensqualität gewonnen.

Zusammenfassung:

▶ Transzendentale Meditation ist *die* ideale Vorsorgemaßnahme für Herz-Kreislauferkrankungen: Studien zeigen bei TM-Ausübenden eine Abnahme der Erkrankungshäufigkeit um bis zu 87% ! Uns ist keine andere Vorsorgemaßnahme bekannt, die auch nur annähernd ähnlich positive Resultate bringt.

▶ Transzendentale Meditation hat bei vielen Menschen einen günstigen Einfluss auf alle wichtigen Risikofaktoren für Herz-Kreislauferkrankungen: Bluthochdruck, Rauchen, Übergewicht und hohe Blutfettwerte (Cholesterin), Stress und gesundheitsgefährdendes Verhalten.

▶ TM ist bewährt in der Rehabilitation von Herz-Kreislauferkrankungen mit Spätfolgen, d. i. Herzinfarkt, Schlaganfall und Durchblutungsstörungen.

Schlafstörungen

Fast unglaublich klingt die Geschichte der 30-jährigen Martha W. Die alleinstehende Buchhalterin konnte nach ihren eigenen Angaben seit fast 1 Jahr kaum mehr als 1 Stunde pro Nacht schlafen und fühlte sich „am Ende". Sie entschloss sich zu einem TM-Kurs, nachdem ihr eine Bekannte, die auch an Schlafstörungen gelitten hatte, dazu riet. Samstagnachmittag kam sie zur persönlichen Unterweisung. Schon einige Minuten, nachdem sie in ihre erste Meditation eingetaucht war, traute ich meinen Ohren nicht: ich hörte Atemgeräusche, die nur auftreten, wenn man im Sitzen schläft. „Ich glaube, ich bin kurz eingenickt!" sagte mir Martha nachher. „War das falsch?" – „Nein, wir bekommen in der Meditation das, was wir am nötigsten brauchen, also in diesem Fall Schlaf."

Am nächsten Vormittag kam sie zu spät zum TM-Seminar. „Entschuldigung, aber ich habe verschlafen!" Sie genoss es sichtlich, das nachzuholen, was ihr in den letzten Monaten so sehr gefehlt hatte.

Änderung der Einschlafzeiten

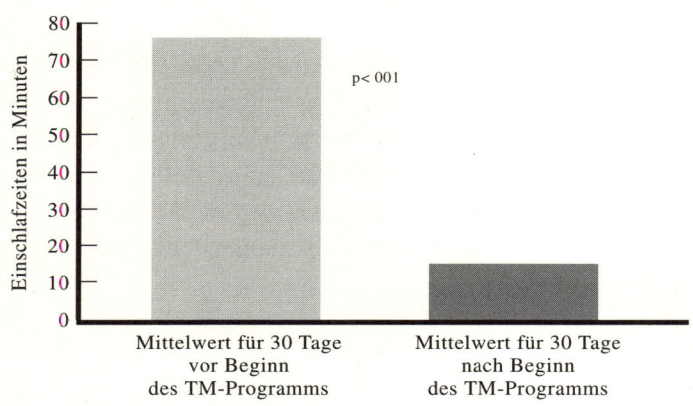

Ergebnis: Das Programm der Transzendentalen Meditation verkürzte signifikant die Einschlafzeit der unter Schlaflosigkeit leidenden Personen. Als Therapie gegen Einschlafstörungen erwies sich das TM-Programm als einfach anwendbar, sofort und anhaltend wirksam und ohne ungünstige Nebenwirkungen.

Interpretation: Die Technik der Transzendentalen Meditation löst tiefsitzenden Stress im Nervensystem unmittelbar in physiologischer Weise. Infolgedessen ruft sie ein breites Spektrum günstiger Wirkungen hervor, ohne die Notwendigkeit, irgendeinem Bereich besondere Aufmerksamkeit zu widmen. Die hier dargestellte Wirkung – größere Regelmäßigkeit des Schlafzyklus – erwies sich im anschließenden Beobachtungszeitraum, dem ersten Jahr der TM-Ausübung, als stabil. Die Ergebnisse dieser Untersuchung sind Ausdruck einer Stabilisierung der grundlegenden biologischen Rhythmen und damit einer ganzheitlichen Normalisierung aller physiologischen Funktionen.

Literatur: *Donald E. Miskiman, „The Treatment of Insomnia by the Transcendental Meditation Program" (University of Alberta, Edmonton, Alberta, Kanada, 1972). Veröffentlicht in: Scientific Research on the Transcendental Meditation Program: Collected Papers. Band I, 1976.*

Schlafstörungen: jeder Vierte leidet daran

Ein- und Durchschlafstörungen gehören zu den besonders häufigen und unangenehmen Leiden. Ca. 25% der Bevölkerung sind davon betroffen. Sich nicht ausgeschlafen zu fühlen, lähmt unseren Erfolg im Alltag: der Geist ist dumpf, das Denken träge und schwerfällig, der Körper wie Blei. Ungefähr 3

Millionen Menschen mit Schlafstörungen alleine im deutschen Sprachraum können diesen Zustand nicht ertragen und nehmen regelmäßig Schlaf- und Beruhigungsmittel. Die meisten von ihnen sind (oder werden früher oder später) davon abhängig.

Ursachen für Schlafstörungen

In der wissenschaftlichen Literatur werden ca. 100 Ursachen für Schlafstörungen aufgezählt, von innerer Unruhe über verlegte Atemwege bis zu Herzrhythmusstörungen reicht die Palette der möglichen Ursachen. Ärzte beklagen, dass viele Menschen ihre Schlafstörungen unbehandelt lassen. Aber wie beim Bluthochdruck ist sicherlich auch hier der Prozentsatz der Beschwerden, die auf innere Unruhe, Stress, „nicht abschalten können" beruhen, sehr hoch und deswegen durch physikalische und medikamentöse Maßnahmen nicht zu heilen, sondern nur zu verschleiern. Patienten fürchten außerdem – und das zu Recht – den Gewöhnungseffekt bei Schlaftabletten, der zu immer höheren Dosen greifen lässt, um auch den gewünschten Effekt hervorzubringen.

TM bringt natürlichen Schlaf zurück

In unserer ärztlichen Praxis haben wir bei vielen Patienten mit Schlafstörungen ein wesentlich besseres Schlafmuster nach Beginn der TM feststellen können. Dies deckt sich auch mit den Ergebnissen einer wissenschaftlichen Untersuchung über Transzendentale Meditation aus dem Jahr 1972, die zeigt, dass nach 30 Tagen TM-Ausübung die durchschnittliche Einschlafzeit der Probanden von ca. 70 auf ca. 10 Minuten gesunken war. Auch Durchschlafstörungen wurden wesentlich abgebaut.

Schlafapnoe

Ein ernsthaftes Gesundheitsproblem stellt auch die sogenannte „Schlafapnoe" dar, die häufig bei starken Schnarchern und meist bei Übergewichtigen auftritt. Dabei verlegen sich die Atemwege im Tiefschlaf derart, dass es zu Atemstillständen von gefährlicher Dauer kommen kann, die dann in einem lauten Schnarchgeräusch enden.

Herr Franz L., 55, Geschäftsmann aus Wien, erlernte während einer Panchakarma-Kur, einer traditionellen Reinigungskur des Maharishi Ayur-Veda, die Transzendentale Meditation. Nach einigen Tagen berichtete mir seine Frau: „Heute Nacht wachte ich auf, weil ich dachte, mein Mann sei nicht im Schlafzimmer." Er war da, schlief aber so leise, dass seine Frau glaubte, allein zu sein.

Wieder in Einklang mit den Rhythmen der Natur kommen

Wie sind Veränderungen im Schlafmuster durch Transzendentale Meditation erklärbar? Wir alle wissen, dass Schlaf ein natürlicher Zustand ist, den man normalerweise nicht durch Kontrolle herbeiführen kann, sondern der spontan auftritt. Solange man im Bett liegt und unbedingt einschlafen will, gelingt das nicht. Menschen, die gut schlafen, wissen nicht, warum das so ist. Und genau diese Spontaneität entwickelt sich durch die Transzendentale Meditation: Dinge, die an der Zeit sind, geschehen einfach. Wenn wir in der TM in die Stille eintauchen, dann wächst spontan eine Übereinstimmung mit den Zyklen und Rhythmen der Natur. Nicht oder ungenügend schlafen zu können heißt, von diesen inneren Zyklen abgekoppelt zu sein und ist Symptom eines inneren Ungleichgewichts. Die ruhevolle Wachheit während der Transzendentalen Meditation schenkt uns die notwendige Balance in den täglichen Rhythmen von Wachheit, Traum und Schlaf.

Veränderte Schlaferfahrungen bei fortgeschrittenen Meditierenden

Genauso dramatisch wie sich die Schlafgewohnheiten bei Schlafstörungen durch Transzendentale Meditation ändern, können sie sich bei Menschen mit gesundem Schlaf ändern. Viele Menschen sind durch TM morgens ausgeruhter und frischer, manche brauchen auch weniger Schlaf. Eine Studie zeigt auch, dass sich TM-Meditierende nach Schlafentzug rascher erholen

– sicherlich ein Vorteil, wenn berufliche oder private Verpflichtungen uns vorübergehend aus dem gewohnten Rhythmus werfen.

Eine nette Anekdote sei abschließend noch erwähnt. Als Maharishi Mahesh Yogi 1959 seinen ersten Vortrag über Transzendentale Meditation in den USA hielt, schrieb eine Tageszeitung in San Francisco als Überschrift: „Meditation hilft bei Schlaflosigkeit". Maharishi kommentierte lachend: „Ich bin nach Amerika gekommen, um den Menschen geistiges Erwachen zu bringen, und die wollen Tiefschlaf!"

William Hague, Parteichef der britischen Konservativen, meint:	*„TM hilft mir, mit nur ein paar Stunden Schlaf auszukommen. Von 5 Minuten TM bekommt man mehr als vom Schlaf einer ganzen Nacht. Man ist energievoll. ...Wir können von den Geheimnissen des Ostens eine Menge lernen."*

Zusammenfassung:

Wissenschaftliche Untersuchungen zeigen bei regelmäßiger Ausübung der Transzendentalen Meditation bei vielen Menschen mit Schlafproblemen folgende Auswirkungen:

▶ eine wesentliche Verkürzung der Einschlafzeit, oft schon innerhalb der ersten Tage nach dem Erlernen der TM

▶ bei Durchschlafstörungen ein weniger häufiges oder frühes Aufwachen

▶ bei normalem Schlaf eine Verbesserung der Effizienz des Schlafs, d.h. man erwacht erfrischter

▶ bei manchen Menschen auch eine deutliche Verringerung des Schlafbedürfnisses.

Übergewicht und Cholesterin

„Eine Tatsache fällt mir besonders auf, wenn ich mehrere Meditierende zusammen sehe: Fast alle sind schlank! Wie kann man das erklären?" fragte mich eine neue Meditierende auf einem TM-Wochenend-Vertiefungsseminar. Meine Gegenfrage war: Warum werden Menschen übergewichtig?

Einige Faktoren sind Ursache des Übergewichts: zu erst einmal innere Unzufriedenheit, die die Menschen ständig dazu drängt, zumindest eine Zufriedenheit zu erfahren, nämlich die des wohlschmeckenden Essens und der Sättigung. Ein weiterer Aspekt ist eine zu schwache „Verbrennung" im Körper. Darunter leiden besonders Menschen, die nicht mehr oder sogar wesentlich weniger als z.B. ihre Familienmitglieder essen, aber dennoch ständig zunehmen. Außerdem spielen falsch eingeprägte Verhaltensmuster häufig eine große Rolle: man isst nicht das, was einem subjektiv gut tut, sondern hält sich eine gewisse Zeit starr an diverse Diäten. Nach einiger Zeit kann man sich nicht mehr dazu zwingen, und dann wird genau das mit besonderem Genuss verzehrt, worauf man so lange verzichten musste. Schamgefühl wegen der schlechten Figur, Frustration und Ärger tragen dann oft noch dazu bei, dass die Situation vollkommen außer Kontrolle gerät.

● Normalisierung von Hungergefühl und Essverhalten

TM-Ausübende merken oft schon nach wenigen Wochen, dass sich ihr Hungergefühl und ihr Appetit verändern und sich der Geschmackssinn verfeinert. Sie sind emotional ausgewogener und auch der Stoffwechsel, der in den vedischen Texten oft mit einem Feuer (*agni*) verglichen wird, kann in Ruhe viel effizienter „verbrennen" als in der Hektik. Daraus resultiert sehr häufig spontan ein geändertes Essverhalten.

An diesem Punkt möchten wir nochmals betonen, dass es nicht Voraussetzung zum Erlernen der Transzendentalen Meditation ist, bestimmte Diäten einzuhalten. Wenn Meditierende ihr Essverhalten ändern und sich dadurch das Gewicht normalisiert, dann ist das meist nicht die Folge einer medizinisch verordneten Kostumstellung, sondern das Resultat einer größeren Übereinstimmung mit den inneren Gesetzmäßigkeiten des Lebens, eines Lebens, das spontan in Einklang mit den Naturgesetzen kommt.

Essen ist Herzenssache

An dieser Stelle muss einfach ein Hinweis auf die köstliche Küche des Maharishi Ayur-Veda und das umfassende ayurvedische Wissen über gesunde und natürliche Ernährung erfolgen. Nahrung gilt in dieser Heilkunst als Medizin, und ohne richtige Ernährung – so sagt einer der alten ayurvedischen Texte – hilft die beste Medizin nicht. Wer sich gesünder ernähren möchte *und* Freude am Essen hat, findet im Maharishi Ayur-Veda alle natürlichen Ernährungsregeln für Gesunde wie Kranke und für jeden Geschmack eine Fülle wohlschmeckender, gesunder und auf den eigenen Typ abgestimmter Rezepte *. (siehe auch Abschnitt: „Was Sie sonst noch tun können..")

Das Besondere an der ayurvedischen Kochkunst ist, dass sie die ureigenen persönlichen Bedürfnisse des Menschen berücksichtigt. Unser inneres Meldesystem, dirigiert von der inneren Intelligenz, die die Ordnung des Körpers aufrechterhält und die immer bestrebt ist, die Balance von Körper, Geist und Seele aufrechtzuerhalten, gibt uns die richtigen Informationen. Jeder kennt das: Es gibt Zeiten, da haben wir ein unstillbares Verlangen nach etwas ganz Bestimmtem – kein anderes Nahrungsmittel würde uns befriedigen. Meist wissen wir auch ganz genau, ob uns Warmes oder Kaltes, Rohes oder Gekochtes, Saures, Süßes oder Scharfes mehr anspricht, und wenn wir diesen Impulsen folgen, fühlen wir uns befriedigt. TM ist auch hier wieder eine große Hilfe, diese Innenwahrnehmung zu verfeinern.

Intellektuelle Ernährungskonzepte, von denen es so viele auf dem begehrten „Ernährungsmarkt" gibt, mögen theoretisch richtig erscheinen, verfehlen aber häufig ein wichtiges Lebensprinzip: Essen muss natürlich alle Bausteine des Lebens enthalten, um den Körper zu ernähren, aber – Essen ist auch Herzenssache, muss also schmecken, alle Sinne und die Seele er-

---

* E.Schrott, Die köstliche Küche des Ayurveda, Mosaik-Verlag

freuen! Keine andere Ernährungslehre verbindet so vollständig das Wissen vom gesunden Essen mit der Kunst des delikaten Kochens wie der Maharishi Ayur-Veda.

● Risikofaktor Cholesterin durch TM gesenkt

Erst kürzlich befand sich eine meditierende Frau zur Vorsorgeuntersuchung in meiner Praxis und war ganz glücklich darüber, dass ihr Cholesterinwert jetzt wesentlich besser war als früher. Ihre Freude war noch größer, dass das HDL-Cholesterin, das „gute" Schutzcholesterin, höher lag als früher. „Das ist keine Überraschung für mich," antwortete ich, „seit über 20 Jahren ist bekannt, dass sich bei Meditierenden die schädlichen Blutfette verringern und Schutzfaktoren gegen Arteriosklerose und Herzinfarkt steigen!"

Erhöhtem Cholesterin wird in der medizinischen Literatur der letzten Jahre eine noch größere Bedeutung für die Entstehung von organischen Herz-Kreislauferkrankungen wie Angina Pectoris, Herzinfarkt und Schlaganfälle als dem hohen Blutdruck zugemessen. Interessant ist in diesem Zusammenhang auch, dass der durchschnittliche Cholesterinwert des Menschen in den Industrienationen weit über dem Normalwert 200 liegt, der durchschnittliche Wert der Bevölkerung in den sogenannten „Entwicklungsländern" aber weit unter 200.

Zusammenfassung:

TM-Ausübende können leichter ihr Idealgewicht erreichen, da sie in der Regel ein natürliches Empfinden für ihre körperlichen Bedürfnisse entwickeln:

▶ Das Verdauungssystem nimmt eine effizientere Funktionsweise an, d.h. es „verbrennt" besser.

▶ Der Risikofaktor Cholesterin, der eine gewisse Abhängigkeit dem Stress gegenüber aufweist, normalisiert sich häufig durch die TM.

Hilfe bei Verdauungsstörungen

Aus unserer großen Praxis, in der wir täglich vielfältigen Magen-Darmstörungen begegnen, möchten wir hier nur auf einige besonders häufige Probleme eingehen, nämlich Entzündungen im Verdauungstrakt und chronische Verstopfung. Auch hier kann die Transzendentale Meditation segensreich wirken. Zahlreiche weitere Tips der ayurvedischen Medizin finden Sie in der im Anhang aufgeführten Literatur.

● Gastritis

Zu den entzündlichen Erkrankungen des Verdauungstrakts zählen die chronische Gastritis und Geschwüre von Magen und Zwölffingerdarm. Dass gerade bei diesen Erkrankungen Stress eine große Rolle spielt, zeigt sich auch in unserem Sprachgebrauch – wenn uns „etwas auf den Magen schlägt", „sauer aufstößt" oder wenn uns etwas „den Appetit verschlägt". Viele Menschen reagieren auf chronische Stressreize mit Magenschleimhautentzündungen. Auch wenn die moderne Medizin heute oft Bakterien als „Verursacher" dieser Krankheiten aufspürt und mit Antibiotika beseitigt, ist damit meist nicht die letzte Ursache behandelt: Solange wir nicht lernen, besser mit Stress umzugehen, laufen wir immer wieder Gefahr, ein Magengeschwür zu entwickeln.

● Was ist Stress?

In diesem Zusammenhang ist auch noch ein ergänzendes Wort zum Themenkomplex „Stress" sinnvoll. „Stress" bereitet nämlich nicht eine bestimmte Situation, sondern unsere Reaktionsweise darauf. Es gibt sicher auch in Ihrem Leben Begebenheiten, die Sie locker meistern, während sie für jemand anderen sehr belastend sein können. Stress bereitet eine Situation dann, wenn man sich nicht mit etwas abfinden kann, sich überfordert fühlt, Druck von außen spürt oder sich selber Druck macht, sich zu sehr in etwas hineinsteigert und dadurch die innere Ruhe verloren geht. Dadurch wird ein ständiger Kampf-Flucht-Reflex in unserm System aufrechterhalten und der Regenerationsprozess behindert. Unser Geist-Körper-System erfährt dadurch materielle oder strukturelle Veränderungen, die irreversibel erscheinen. Jeder Stress baut auf diese Weise Blockaden in unserm System auf, die uns in unserer Kreativität und Leistungsfähigkeit behindern. Nur tiefe Ruhe kann diese tiefverwurzelten Stresse, Verspannungen und Blockaden lösen. Sehr oft erfahren wir, dass die Ruhe im Schlaf nicht ausreicht, um mit bestimmten Stress-Situationen fertig zu werden. Besonders in extremen Belastungsphasen ist oft der Schlaf gestört, und wir leiden doppelt unter unseren oft selbst produzierten Spannungen.

● Hilft TM beim Magengeschwür?

Zurück zu den Magenentzündungen und Geschwüren. Besonders Menschen mit hitzigem Gemüt, die überall das Beste wollen und ständig dafür kämpfen, oder auch solche, die ihre Aggressionen „runterschlucken", sind dafür gefährdet. Und gerade dieses Verhaltensmuster ändert sich oftmals nicht, selbst wenn das Geschwür durch eine Medikamentenkur ausgeheilt ist. Hier kann die Transzendentale Meditation sehr wohltuend wirken.

Aus unserer Praxis möchten wir Ihnen dazu einige Patientengeschichten vorstellen:

Herr Georg J., 50-jähriger leitender Angestellter einer Ölbohrfirma, konnte sein Befinden des Unwohlseins nur schwer beschreiben: „Ein Druck im Oberbauch, der mich Tag und Nacht begleitet und immer dann noch schlimmer wird, wenn ich unter Termindruck stehe. Dabei habe ich gar nicht das Gefühl, ständig überfordert zu sein."

Eine Gastroskopie (Magenspiegelung) brachte ein Geschwür zutage, die durchgeführten Laboranalysen konnten auch Helicobacterbakterien nachweisen. Die empfohlene Tablettenkur führte er mit Widerwillen durch, aber er konnte doch nach einigen Tagen feststellen, dass er schmerzfrei war. Dies jedoch nicht lange. Nach einer besonders angespannten Situation in seiner Firma kamen die alten Schmerzen wieder, nicht so heftig wie zuvor, aber dennoch ständig präsent und störend. Zu seinem Erstaunen fanden sich nun bei der Kontrolle jedoch weder ein Geschwür noch Keime.

„In dieser Situation erlernte ich die TM und konnte schon nach wenigen Tagen den wohltuenden Einfluss der Meditation feststellen: Die Magenschmerzen ließen zu meiner großen Erleichterung immer mehr nach; anfangs nur während der Meditation, später auch zunehmend während der
Arbeit. Ich war auch wieder viel konzentrierter und leistungsfähiger." Herr
Georg J. meditiert jetzt schon einige Jahre. Wie wichtig die Meditation für
ihn ist, erkannte er vor allem, wenn er nicht oder nur unregelmäßig meditierte und seine Magenschmerzen sich dann wieder bemerkbar machten.

● Sodbrennen

Eine ähnliche Geschichte ist die von Frau Johanna K., die regelmäßig jedes
Frühjahr und jeden Herbst unter unerträglichem Sodbrennen litt. „Als ich
1988 mit TM begann, war das vor allem wegen der Erschöpfung nach meinen zwei Geburten. Nach der anstrengenden Zeit mit zwei Kleinkindern wollte
ich einfach etwas Gutes für mich tun. Die Transzendentale Meditation sprach
mich vor allem deswegen an, weil ich bei den Kindern zu Hause sein und
trotzdem die Zeit für mich selbst nutzen konnte. Ich erholte mich auch
bald und verlor allmählich meine Müdigkeit. Was mir aber erst im Lauf der
Jahre auffiel, war die Tatsache, dass meine Magenschmerzen anfangs immer erträglicher wurden und nach einigen Jahren ganz aufhörten. Seither
hatte ich nur in einer extremen familiären Spannungssituation etwas Sodbrennen."

Entzündliche Darmerkrankungen

Besonders schwer können entzündliche Erkrankungen des Darmes verlaufen. Dazu gehören die Colitis ulcerosa und Morbus Crohn. Die betroffenen
Patienten leiden oft unter massiven Durchfällen und sind durch die extrem

häufigen Darmentleerungen schwer entkräftet. Zu den typischen Symptomen zählen auch Schmerzen und bei der Colitis auch schleimig-blutige Ausscheidungen. Die Psyche dieser Menschen ist oft von einer Mischung aus Angst und angestauter Wut geprägt. Diese Emotionen werden aber nicht aufgearbeitet, sondern in selbstzerstörerischer Weise unterdrückt. Andererseits führen die meist in Schüben verlaufenden Darmentzündungen nicht nur zu schweren körperlichen, sondern auch psychischen Krisen. Medikamente können diese Krankheitsbilder in der Regel nicht heilen, sondern nur die Symptome lindern – leider nicht ohne Nebenwirkungen, über die viele Patienten klagen.

● Ein Fall von Morbus Crohn

Herr Robert R., seit 1995 wegen Morbus Crohn in ärztlicher Behandlung, suchte vor zwei Jahren meine Praxis auf. Seine Mutter und seine Schwester hatten schon vor einigen Jahren TM erlernt und viel davon profitiert. Er war damals stark untergewichtig und trotz seiner Jugend (damals 28 Jahre alt) für seinen Beruf als Briefträger fast nicht mehr geeignet. Obwohl nach außen hin in seinem Leben alles in Ordnung war, befand er sich in einem ständigen inneren Spannungszustand und sein Verdauungssystem arbeitete wie ein überhitzter Motor. Ich riet ihm, TM zu erlernen und gleichzeitig auch die medizinische Behandlung zu intensivieren (in seinem Fall mit schulmedizinischen Mitteln und mit Methoden aus dem Maharishi Ayur-Veda). Mit der intensiveren Behandlung war er sofort einverstanden, gegen die Meditation wehrte er sich anfänglich. „Bei mir ist alles in Ordnung und ich habe keinen Stress", argumentierte er. Ich erklärte ihm, dass auch dann ein inneres Ungleichgewicht vorliegen kann, wenn man das selbst nicht merkt. Er müsse seine Energien unrichtig einsetzen, also unbewusst gegen irgendwelche Gesetze des Lebens verstoßen. „Am einfachsten ist es, die Situation nicht zu analysieren, um dann festzustellen, dass man ohnehin nichts ändern kann, sondern die Weisheit der Natur in uns selbst zu entdecken. Sobald wir diesen Bereich in unserem Innersten berühren, ändert sich unsere Handlungsweise automatisch. Wir lernen, nicht mehr ständig gegen unsere inneren Impulse zu verstoßen oder sie zu ignorieren, sondern das zu tun, was uns entspricht bzw. die Dinge so zu tun, dass sie ohne Widerstand gelingen. Das nennen wir Handeln im Einklang mit den Naturgesetzen."

Obwohl er meinte, ohnehin alles richtig zu machen, belegte er einen der nächsten TM-Kurse. Als er nach etwa einem Monat wieder zu mir kam, staunte ich nicht schlecht: er hatte sein normales Körpergewicht annähernd wieder erreicht und sah viel gesünder aus. „Ich war vor allem darüber erstaunt, wie leicht mir die Arbeit schon einige Tage nach Beginn der TM fiel", erzählte er. „Ich fühlte mich abends nicht mehr so müde, alles ging leichter von der Hand." Seither versteht er die Wichtigkeit regelmäßiger TM, um in Einklang mit seiner vollkommenen inneren Natur zu kommen. Sein Gesundheitszustand hat sich kontinuierlich gebessert und er fühlt sich wieder voll arbeitsfähig.

Chronische Verstopfung

Es gibt eine Reihe von Ursachen für den trägen Darm: falsche Ernährung, zu wenig körperliche Bewegung, Zeitdruck und Stress, Medikamente, operative Eingriffe und vieles mehr. Ein ganz häufiger, oft aber weder vom Arzt noch Betroffenen erkannter und beachteter Grund liegt im „Nicht-Loslassen-Können". Und das scheint eine ganz grundlegende Problematik von uns Menschen zu sein: das Festhalten an vergangenen Vorstellungen und Glaubenssätzen, materiellen und scheinbaren geistigen Besitztümern. Ein Organ des Loslassens, der Dickdarm, ist hier oft ebenso verkrampft und wehrt sich dagegen, selbst das loszulassen, was man eigentlich gar nicht mehr braucht. Dass dabei auch Toxine im Körper zurückbehalten werden, die schaden und dringend beseitigt werden sollten, ist jedem klar. Müdigkeit, Kopfschmerzen, Gereiztheit und ein dumpfer Geist sind oft die Folge dieses Zustandes.

In der ayurvedischen Medizin wird das grundlegende Prinzip, das mit dem Loslassen zu tun hat, als *apana Vata* bezeichnet. Dieses Funktionsprinzip sitzt, wenn wir es im Körper lokalisieren wollen, im unteren Bauchraum. Es regelt die Ausscheidungen von Stuhl, Urin, Menstruation oder Samenflüssigkeit. In geistig-seelischer Hinsicht steht es aber ebenso für das *innere Loslassen*. Im Maharishi Ayur-Veda beschreiben wir natürliche und wirkungsvolle Methoden, die Funktion von *apana Vata* zu harmonisieren: zum Beispiel mit einfachen Kniffen bei der Ernährung oder der verblüffend wirksamen Heißwasser-Trinkkur, in hartnäckigen Fällen auch mit stärkenden Kräuterpräparaten *. Ein wesentlicher Ansatz ist aber auch hier wieder das Üben von Entspannung und Loslassen mittels der Transzendentalen Meditation.

Ob TM bei Stuhlverstopfung hilft, wurde bisher noch nicht direkt wissenschaftlich erforscht. Wir wissen aber von vielen Patienten, dass sich alle Ausscheidungsfunktionen durch diese Entspannungsübung verbessern können und meist regelmäßiger werden. Schließlich ist TM die einfachste Übung, um das Loslassen zu lernen.

Zusammenfassung:

Regelmäßige Meditation hat sich als sehr hilfreich herausgestellt, um die psychischen Ursachen für Magen-Darmstörungen zu beseitigen.

▶ TM unterstützt die spontane Umstellung wesentlich zu einer natürlichen und ausgewogenen Ernährung und
▶ verhilft zu mehr Widerstandsfähigkeit gegenüber stressreichen Situationen im Alltag und schützt daher wirkungsvoll vor stressverursachten Magen-Darmkrankheiten.

---

* E.Schrott: Ayurveda für jeden Tag, Mosaik-Verlag

Asthma und Allergien

Schon während der allerersten Meditationen im Rahmen des TM-Grundkurses können fast alle Teilnehmer feststellen, dass ihr Atem „federleicht"
wird. Besonders signifikant wird dieses Erlebnis für Asthma-Patienten, deren Leiden ja darin besteht, dass der normale Fluss des Atems blockiert
und das Atmen immer mit Anstrengung verbunden ist.

„Ich kann meinen Atem fast nicht mehr wahrnehmen, so leicht ist er
geworden," erzählt Franz M., 35-jähriger Steuerberater, nach der gemeinsamen Meditation im Seminar. „Das ist wie ein Wunder für mich. Ich leide
seit Kindheit an Asthma und war fast schon daran gewöhnt, immer nur mit
Anstrengung Luft zu bekommen. Wenn ich etwas lief oder sonst Sport machte,
ging das immer nur mit einer Extra-Dosis meines Asthma-Sprays. Es ist fast
wie ein Wunder für mich, meinen Atem kaum zu spüren und überhaupt
nicht zu hören."

Nach einigen Wochen regelmäßiger TM treffe ich Herrn Franz wieder.
Er berichtet mir, dass er seinen Spray, der sein Lebensanker war und ohne
den er keinen Schritt von zu Hause weg machte, schon mehrmals vergessen habe. „Früher wäre ich sofort in Panik verfallen und hätte alles daran-
gesetzt, auf schnellstem Wege wieder nach Hause zu kommen. Aber jetzt
werden die Abstände, in denen ich den Spray inhaliere, immer größer, ich
kann ohne Probleme einige Stunden darauf verzichten."

Ein anderer Patient berichtet: „Als Kind hatte ich schon schweres Bron-
chialasthma mit Erstickungsanfällen. Das wurde immer schlimmer. Mein
Arzt sagte mir, dass es wohl nicht mehr weggehen würde. Dann habe ich
mit TM angefangen. Nach drei Monaten – ungelogen – war mein Asthma
verschwunden. Heute möchte ich nicht einen Tag ohne meine zweimal 20
Minuten „Urlaub für mich ganz persönlich" missen."

Heuschnupfen und andere Allergien

Allergien können sich durch das Symptom Asthma ausdrücken, aber auch

in anderen Krankheitsbildern. Zu diesen gehören Heuschnupfen, Hautallergien, Nesselsucht, Augenentzündungen u.v.a. mehr.

Wodurch entstehen allergische Reaktionen? Jede Allergie ist eine Über-
reaktion des Immunsystems auf harmlose äußere Reize. Dabei werden z.B.
ungefährliche Pollen von Gräsern vom Körper behandelt wie aggressive Grip-
peviren. Bei einem akuten Heuschnupfen kann dann an den Schleimhäu-
ten der Nase ein massiver Abwehrkampf gegen unschädliche Gräserpollen
stattfinden. Der Körper verhält sich wie Don Quichotte bei den Windmüh-
len: er vergeudet seine Energien gegen einen vermeintlichen Feind. Die
Psycho-Neuro-Immunologie erklärt, wie sehr dabei Geist und Körper
zusammenhängen. Verdrängte, fehlgeleitete Aggressionen, die Unfähigkeit, ärgerliche Situationen zu verdauen, dürften dabei eine wesentliche Rolle spielen. Wie krank man sich dabei fühlen kann, wissen alle Allergiepatienten.

„Vor 3 Jahren habe ich TM erlernt, weil ich meinen Stress im Job besser in den Griff bekommen wollte," erzählt Herr Werner K., 30-jähriger selbständiger Kaufmann. „Seither ist mein jährlicher Heuschnupfen immer leichter und kürzer geworden. Bis vor 3 Jahren hatten sich Dauer und Intensität meiner Allergiebeschwerden jährlich vermehrt, im letzten Frühjahr musste ich deswegen nicht einmal mehr Medikamente einnehmen."

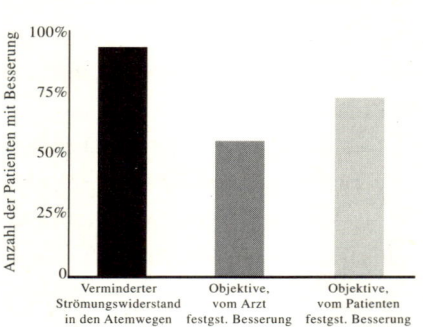

Vorteilhafte Wirkungen auf Bronchialasthma

Anzahl der Patienten mit Besserung

100% / 75% / 50% / 25% / 0

Verminderter Strömungswiderstand in den Atemwegen | Objektive, vom Arzt festgst. Besserung | Objektive, vom Patienten festgst. Besserung

Bei 94 % einer Gruppe asthmatischer Patienten
wurde nach Beginn der Praxis der Transzendentalen Meditation mit Hilfe der Messung des Strö-
mungswiderstandes in den Atemwegen eine Besserung festgestellt. Bei 55% der Asthmatiker
wurde diese Besserung vom Hausarzt, bei 74%
von den Patienten selbst bestätigt. Diese Ergebnisse weisen darauf hin, dass die Praxis der Transzendentalen Meditation für Patienten mit Bronchial-
asthma vorteilhaft sein kann.

Literatur I: The Effects of Transcendental Meditation upon Bronchial Asthma, Clinical Research,
Vol. 2, 1973, U.S.A.
Literatur II: Transcendental Meditation in
Treating Asthma, Respiratory Therapie: The Journal of Inhalation Technology, Vol. 3, No. 6,
pp.7981, November-Dezember, 1973, U.S.A.

Uns sind viele Fatienten bekannt, die ihre Allergien nach einigen Jahren regelmässiger TM völlig ausgeheilt haben – obwohl sie nach dem Denkmuster der modernen Medizin als unheilbar gelten.

Zusammenfassung:

▶ Verschiedene Studien zeigen, dass TM die Funktion des Immunsystems modifiziert: Der Körper kann sich besser gegen Infekte wehren, die allergischen Überreaktionen des Immunsystems werden weniger intensiv und häufig.

▶ Regelmäßige Meditation verringert oft deutlich die Atemnot bei Asthmapatienten, sodass sie weniger Medikamente benötigen.

▶ Allergien in allen Formen (Heuschnupfen, Hautallergien, Bindehautentzündungen, Asthma, Durchfälle etc.) bessern sich in vielen Fällen mit TM.

▶ Die beruhigende Wirkung der TM auf Allergien ist laut Aussage vieler Patienten unabhängig von der Art der Allergene (Pollen, Pilze, Milben, Nahrungsmittel, Bienenstiche, Umweltgifte etc.).

Migräne und Kopfschmerzen

Ein Freund sucht mich von Zeit zu Zeit wegen drückender Kopfschmerzen auf. Innerhalb einer halben Stunde baut sich bei ihm eine starke Spannung vom Nacken ausgehend über den Hinterkopf bis zur Stirn aus. Ich fragte ihn zuletzt, welchen Grund er selbst für diese immer wiederkommenden Beschwerden vermute. Nach kurzem Nachdenken, wusste er die klare Antwort: „Die Kopfschmerzen treten oft dann auf, wenn ich mir Druck mache oder mich unter Druck gesetzt fühle und die Spannung dann nicht loswerden kann. Es ist so, als würde sich die Energie nicht in Handlung umsetzen, sondern im Kopf anstauen."

Wie kann sein Problem beseitigt werden? In seinem Fall schien es mir wichtig, ihm seine psychische Ursache bewusst zu machen. Ein unterstützendes Gespräch, Hilfestellung für den Umgang mit den ihm bekannten typischen Situationen in Beruf und Familie und Verhaltensempfehlungen könnten in seinem Fall sicher hilfreich sein. Ich empfahl ihm weiterhin vor allem auch die TM wieder regelmäßig auszuüben, die er seit langem vernachlässigt hatte, ihm aber früher in gesundheitlicher und beruflicher Sicht außerordentlich geholfen hatte.

● Kopfschmerz: Signal für zahlreiche Ursachen

Nicht immer liegt der Fall, was die Ursachen für Kopfschmerzen betrifft, so klar auf der Hand wie hier. Es gibt nicht nur eine Reihe ganz verschiedener Kopfschmerzformen, die wir bei einer zielgerichteten Behandlung unterscheiden müssen, sondern auch zahlreiche Ursachen: Familiäre oder partnerschaftliche Konflikte, berufliche Belastungen, eine unzureichende Konfliktbewältigung und Stressverarbeitung gelten als grundlegende und häufige Spannungsfelder. Daneben gilt es zahlreiche auslösende oder mitverursachende Faktoren zu beachten: Verschleiß der Halswirbelsäule, Kiefergelenkstörungen, Entzündungen der Nasennebenhöhlen, Sehschwäche und andere Augenerkrankungen, Nahrungsmittelunverträglichkeiten, Medikamente, Umweltgifte oder Gehirntumore – um nur einige Möglichkeiten aufzuzeigen.

Kopfschmerz ist also nur ein Symptom, ein zwar schmerzliches, aber wertvolles Warnsignal des Körpers, das leider viel zu häufig, auch von Ärzten, nur durch Schmerzmittel unterdrückt, dessen Ursachen aber nicht oder nur unzureichend nachgegangen wird. Dazu neigen wir ja in unserer Zeit und Gesellschaft in besonderer Weise, in der für viele der Kopfschmerz schon fast zum Alltäglichen gehört und das Aspirin wie das Salz zur Suppe.

Zum Kontrast: Ein Indianerstamm am Amazonas hat in seiner Sprache nicht einmal ein Wort für Kopfschmerz. Beschwerden solcher Art, an denen allein in Deutschland mehr als sechs Millionen Menschen leiden, kennt man dort schlicht und einfach nicht. Als man den Eingeborenen mit Gesten klarzumachen versuchte, was wir mit Kopfschmerz meinen, folgte immer nur kopfschüttelndes Unverständnis: völlig unbekannt! Man zerbricht sich dort in unberührter Natur, im Schutz tiefer Wälder und Abgelegenheit auch nicht den ganzen Tag den Kopf über das Leben und seine angeblichen Pflichten. Sollten wir davon nicht lernen?

Auch chronische Kopfschmerzen sind heilbar!

Mit Naturheilverfahren, natürlich auch mit sinnvollen und notwendigen Behandlungen der Schulmedizin, können Kopfschmerz und Migräne oft wirkungsvoll behandelt und vielfach geheilt werden. Vor allem Ernährungsumstellung, Verhaltensänderung, angemessene sportliche Betätigung, die Rückkehr zu einer natürlicheren und geregelteren Lebensweise können neben Entspannungstraining hilfreich sein. Im Maharishi Ayur-Veda gibt es zahlreiche einfache Behandlungsansätze, die bei den verschiedenen Kopfschmerzformen zum Teil wunderbar lindern und helfen.*

Wirkungsvoll entspannen mit TM

Als beeindruckend wertvolle Methode hat sich auch hier wieder die TM erwiesen. Wir haben in unseren Praxen zahlreiche Beispiele, dass mit dieser wirksamen Entspannungstechnik Patienten, die selbst jahrelang an Kopfschmerzen oder Migräne gelitten haben, eine große Erleichterung erfahren haben, oft auch vollständig und dauerhaft geheilt wurden.

Ein wesentlicher Grund ist sicher die tiefe Entspannung während der Meditation: Stress wird wirksam abgebaut und das emotionale Verhalten stabilisiert sich oft in kurzer Zeit, so dass Alltagsbelastungen wieder toleriert und verarbeitet werden. TM-Meditierende verhalten sich darüber hinaus oft schon nach kurzer Zeit gesundheitsbewusster, ernähren sich natürlicher und ausgewogener und orientieren sich in ihren Werten an erstrebenswerteren Zielen. Auch Genussgifte verlieren ihre magische Anziehung

---

* E.Schrott/W.Schachinger: „Ayurveda bei Kopfschmerz und Migräne"

und die Wahrnehmung für Richtiges und Förderliches gegenüber Schädlichem verfeinert sich oft wesentlich.

Zusammenfassung:

▶ Kopfschmerz ist ein Signal für tieferliegende Ursachen, die erkannt und beseitigt werden wollen. Stress und Verspannung sind wesentliche Mitverursacher, die mit TM effektiv gelöst werden können.

▶ TM erweist sich in der täglichen Praxis als eine der ganz wesentlichen Methoden zur Heilung verschiedener Kopfschmerzformen, vor allem von Spannungskopfschmerz und Migräne.

Muskelverspannungen und Rückenschmerzen

In der Praxis werde ich oft von Patienten gefragt: „Wieso kriege ich meine Rückenverspannungen immer wieder? Ich bin schon so oft chiropraktisch behandelt worden, lasse mich immer wieder massieren und war schon beim Krankengymnasten und dennoch: nach einer gewissen Zeit verspannt sich mein Nacken wieder oder mein Kreuz tut weh. Ich kann gar nichts dagegen tun und weiß nicht, woher das kommt."

Um die Hintergründe und Ursachen für wiederkehrende körperliche Leiden zu erkennen, müssen wir uns (wieder) näher mit der Natur unseres Körpers befassen. Es ist klar: Von einem mechanischen Standpunkt aus finden wir verschiedene mögliche Gründe für Rückenbeschwerden. Sie liegen in der Struktur und im Funktionszustand der Organe, die wir mit Röntgen, Ultraschall, Computer- oder Kernspintomographie heute wunderbar darstellen können. Ein Bandscheibenschaden, die Arthrose oder Entzündung in einem Wirbelgelenk, die Blockierung eines kleinen Wirbelgelenkes in der Halswirbelsäule sind dem naturwissenschaftlich handelnden Arzt hinreichende Erklärungen für die Erkrankung des Patienten.

Wir könnten es bei dieser Erklärung im Sinne der modernen Medizin – soweit sie nicht psychosomatische Modelle mit einbezieht – belassen und uns damit zufrieden geben. Jeder aber, der sich mit Menschen intensiver auseinandersetzt – und das ist häufig der Hausarzt, der oft über viele Jahre ein umfassendes Bild von seinem Patienten hat – wird tiefer in ihn hineinschauen müssen. Dann ist unübersehbar: Es muss über das mechanistische Modell der Krankheitsbetrachtung hinaus etwas Grundlegenderes geben, das sich oft wie ein roter Faden durch die Lebens- und Leidensgeschichte des Menschen zieht, das zutiefst mit ihrer Persönlichkeitsstruktur, mit den Inhalten ihres Bewusstseins zu tun hat und ihr Verhalten, ihre Art zu denken und zu handeln ausdrückt und prägt und das zur Sprache ihres Körpers wird.

● Wenn das Leben zum „Kreuz" wird

Eine der beeindruckendsten Heilungen von Rückenschmerzen durch Entspannung und Meditation erlebte ich bei einer 40-jährigen Steuerberaterin. Sie litt ein Jahr lang an Kreuzschmerzen, war beim Orthopäden gewesen und hatte Massagen und Fangopackungen erhalten, ohne dass sich dadurch ihre Beschwerden gebessert hätten. Sie erlernte TM – nicht wegen ihrer Rückenbeschwerden, sondern weil sie als Steuerberaterin mit Doppelbelastung durch Beruf und Familie nach einer wirksamen und einfachen Entspannungsmethode gesucht hatte. Zu ihrer und meiner Überraschung verschwanden ihre Kreuzschmerzen bereits nach wenigen Tagen TM vollständig.

Es ist heute in der Medizin anerkannt, dass ein Großteil der Wirbelsäulenbeschwerden unserer Bevölkerung psychosomatisch sind. Jeder Zweite leidet heute unter Rückenbeschwerden. Geistige Überanstrengung, eine Fehlhaltung am Arbeitsplatz, die berufsbedingt erzwungen sein kann, oft aber auch die Folge einer inneren Fehlhaltung ist (Ausdruck von

Angst, Ehrgeiz, depressiver Grundstimmung oder Überforderung), sollten hier immer zuerst beachtet werden.

Unsere Sprache hat auch hierfür die treffenden Ausdrücke: Wenn uns das Leben „zum Kreuz" wird, wir uns also überfordert und überlastet fühlen, dann kann tiefe Meditation uns neue Kraft und Erleichterung geben, Verspannungen und Rückenleiden können sich auf diese Weise ganz natürliche und grundlegend bessern.

Zusammenfassung

Der Rücken ist eine besondere psychosomatische Belastungszone. Psychische Verspannungen führen auch zu Verspannungen in der Muskulatur.

▶ Entspannungsverfahren wie die TM können vielfach auch Rückenleiden wirkungsvoll lindern oder heilen.

▶ Die wissenschaftliche Forschung zeigt, dass TM die Muskeldurchblutung fördert und verkrampfte Muskulatur wieder entspannt. Sie wirkt schmerzlindernd und beseitigt die seelischen Ursachen für Fehlhaltung.

Abhängigkeit und Sucht nach Nikotin, Alkohol, Medikamenten und Drogen

Über 30 wissenschaftliche Untersuchungen weisen TM als hochwirksames Verfahren für die Therapie und Prävention von Drogen, Alkohol und Nikotinmissbrauch aus. In den USA ist allein über dieses Thema ein 500-seitiges Buch der Psychologieprofessoren Dr. David O'Connel und Dr. Charles Alexander unter dem Titel „Selfrecovery-Treating Addictions Using TM and Maharishi Ayur-Veda" erschienen. Ein deutsches Projekt wurde bereits Anfang der 70er Jahre durch die Arbeiterwohlfahrt Mühlheim an der Ruhr bei Drogenabhängigen durchgeführt. Das Ergebnis war fast unglaublich: Jugendliche, die dort während ihrer Entziehungskur die TM erlernt hatten, blieben in ungewöhnlichem Maße psychisch stabil und wurden kaum rückfällig, was sonst fast die Regel ist!

Verminderter Konsum von Koffein, Nikotin, Alkohol, Drogen und Medikamenten

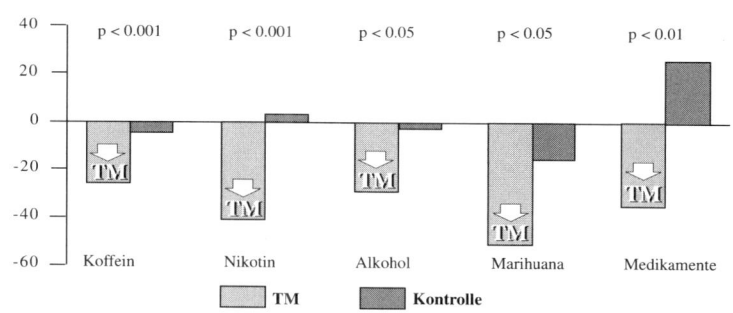

Eine nach Zufallskriterien ausgewählte Gruppe von Ausübenden der Transzendentalen Meditation zeigte im Vergleich zu einer Gruppe nicht-meditierender Personen nach 19 Monaten, dass die in der Graphik gezeigten Konsumabhängigkeiten signifikant zurückgingen, während die Kontrollgruppe keine Änderungen aufwies. Die Gesamtheit der Meditationspraxis und die Regelmäßigkeit korrelierten dabei signifikant mit dem Rückgang der Konsumabhängigkeit. In insgesamt 24 Studien konnte aufgezeigt werden, dass durch die Ausübung der Transzendentalen Meditation Drogenmissbrauch und andere Konsumabhängigkeiten sehr deutlich eingeschränkt werden konnten.

Referenzen:
1. *International Journal of the Addictions* 12 (1977): 729-754.
2. *American journal of Psychiatry* 131 (1974): 60-63.
3. *International Journal of the Addictions* 26 (1984): 32068

◉ Keine Macht dem Nikotin

Scheinbar weniger bedrohlich, bei genauem Hinschauen und auf lange Sicht aber nicht viel weniger gesundheitsgefährdend, ist das Rauchen.

Allein diese Einsicht verhilft dem Nikotinbedürftigen meist jedoch nicht, die Energie aufzubringen, sich von dieser Sucht zu befreien. Bekanntlich zirkulieren allerlei Geheimtips und Tricks, vom geliebt-gehassten Glimmstengel loszukommen, und manch gepriesenes Entwöhnungsprogramm wurde schon beschrieben. Die Erfolge solcher Anstrengungen sind – wie jeder weiß, der dem Nikotin entsagen wollte – meist bescheiden. Die TM kann hier eine große Hilfe sein. In mehreren wissenschaftlichen Studien war aufgefallen, dass ein extrem hoher Prozentsatz der TM-Meditierenden, ohne vorher die Absicht gehabt zu haben, allmählich mit dem Rauchen aufhörte. So ergab eine Untersuchung an über 5000 Personen, dass nach einem Jahr regelmäßigen Meditierens nur noch ein Prozent (!) der Männer und vier Prozent der Frauen rauchten, während beim Erlernen der Transzendentalen Meditation noch 34 Prozent der Männer und Frauen der gleichen Gruppe rauchten oder zumindest Gelegenheitsraucher waren.

● Mehr Zufriedenheit – weniger Nikotin

Häufig verliert sich mit regelmäßiger TM-Ausübung einfach das Verlangen nach einer Zigarette. Als Grund für dieses auffällig positive Verhalten wird angenommen, dass diese Meditation auf natürliche Weise innere Zufriedenheit und Ausgeglichenheit bringt, so dass Ersatzbefriedigungen wie Rauchen oder andere schädliche Genussmittel zunehmend entbehrlich, ja am Ende sogar als hinderlich und störend für das eigene Wohlbefinden erlebt werden. So ist es wohl auch Maya K, einer medizinisch-technischen Angestellten, ergangen: „Ein halbes Jahr nach Erlernen der TM habe ich beschlossen, mit dem Rauchen aufzuhören. Ich habe einfach keine Zigaretten mehr gekauft und von heute auf morgen aufgehört. Das hat wunderbar funktioniert, ohne dass ich jemals Lust hatte, wieder zu rauchen. Meine rauchenden Arbeitskollegen loben mich immer, weil ich eine so tolerante Nichtraucherin geworden bin."

Zusammenfassung:

▶ TM erfüllt den wichtigsten Ansatz einer sinnvollen und erfolgreichen Therapie bei Nikotin-, Alkohol-, Medikamenten- und Drogenabhängigkeit, da sie dem Betroffenen innere Zufriedenheit zurückgibt, mit anderen Worten das, was er in der Droge oder im Genussgift sucht, aber dauerhaft nicht findet.

▶ Zahlreiche wissenschaftliche Untersuchungen zeigen die außergewöhnliche und bisher durch andere Therapieansätze nicht annähernd erreichte Effektivität der Transzendentalen Meditation in der Rehabilitation von Suchtkranken.

▶ Wer mit dem Rauchen aufhören möchte, tut es mit TM ohne das Gefühl der Entbehrung, das Bedürfnis nach Nikotin verliert sich mit regelmäßiger Meditation häufig von selbst.

TM hilft Menschen mit Suchtproblemen zu mehr Selbstkontrolle. Die tiefe Entspannung, die mit der Ausübung der Meditation einhergeht, ermöglicht es dem Meditierenden, sich ohne Angst den Problemen des Alltags zu stellen. Die angenehmen Erfahrungen der inneren Ruhe während der Meditation machen eine Realitätsflucht mit Hilfe von Drogen und Genussgiften oft nicht mehr nötig.

„Heyam dukham anagatam –
vermeide das Leid, bevor es entsteht"

vedischer Vers aus den Yoga Sutras

Vorsorgen ist besser als Heilen

Von dem, was in diesem Abschnitt über TM als Maßnahme bei verschiedenen Leiden und Krankheiten gesagt wird, sollte man sich nicht darüber hinwegtäuschen lassen, dass der eigentliche Zweck von Meditation ein anderer ist. In den klassischen Vedischen Texten über Persönlichkeitsentwicklung, den Yoga Sutras des Maharishi Patanjali, wird die Erfahrung von Stille und innerer Integration vor allem als Vorsorgemaßnahme dargestellt. Und das ist auch die eigentliche Stärke der TM, die in den letzten Jahren durch wissenschaftliche Studien eindrucksvoll bestätigt wurde.

Wenn man also infolge regelmäßiger Meditation weniger oft krank wird, so ist das Ausdruck einer in Geist und Körper reiferen, stärkeren Persönlichkeit. Dieser Effekt ist kumulativ, das heißt, je länger man regelmäßig meditiert, um so mehr profitiert man für seine Gesundheit.

● Kostenersparnis für das öffentliche Gesundheitssystem

Mehrere ausführliche Studien in den USA und Kanada kamen zu dem Ergebnis, dass TM-Ausübende durchschnittlich 55% weniger Geldleistungen von Krankenkassen in Anspruch nahmen. Dies jedoch sicherlich nicht aufgrund irgendwelcher weltanschaulichen Ressentiments gegenüber den angebotenen medizinischen Leistungen, sondern vielmehr, weil sich durch TM der allgemeine Gesundheitszustand wesentlich verbessert habe. Beson-

Verminderte Erkrankungshäufigkeit

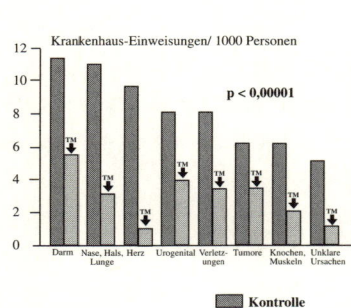 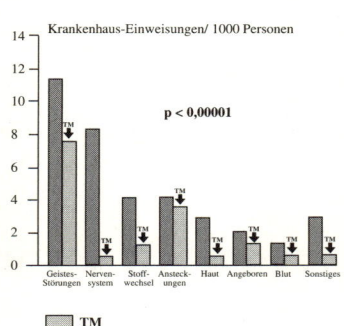

In einer Studie wurde in den USA 5 Jahre lang die Inanspruchnahme von Krankenkassenleistungen von etwa 2000 Meditierenden, die die Transzendentale Meditation und das TM-Sidhi-Programm regelmäßig ausübten, mit dem Durchschnitt aller 600000 Versicherten verglichen. Bei den Meditierenden lagen die Krankenhauseinweisungen im Durchschnitt um 56% niedriger, wobei deutlich geringere Einweisungen bei den häufigsten 20 Krankheitsarten feststellbar waren – etwa ein Rückgang um 87% bei Herz-Kreislauferkrankungen, um 55% bei Krebs, um 87% bei Nervenerkrankungen und um 73% bei Hals-, Nasen- und Lungenerkrankungen. Mit zunehmendem Alter konnte bei den Meditierenden im Vergleich zu den Durchschnittswerten der jeweils gleichen Altersgruppe ein geringerer Bedarf an medizinischer Versorgung festgestellt werden. Der Rückgang lag bei der Altersgruppe der Personen über 40 Jahre bei 67%. Dies zeigt die große Bedeutung der genannten Programme für eine effektive Gesundheitsvorsorge.
Referenzen: *1. Psychosomatic Medicine 49 (1987): 493-507*

ders herausragend sind (im Gegensatz zum üblichen Trend) die geringere Inanspruchnahme medizinischer Leistungen bei Senioren und bei einigen Krankheitsgruppen, die für das Gesundheitssystem besonders kostenintensiv sind. Dazu gehört eine Reduzierung der Krankenhauseinweisungen bei Herz-Kreislauferkrankungen, bei Erkrankungen des Nervensystems und bei Tumoren.

Eine Studie in Kanada konnte zeigen, dass die Kosten medizinischer Leistungen bei TM-Ausübenden im Vergleich zu nicht meditierenden Mitgliedern des öffentlichen Versicherungsdienstes jährlich um durchschnittlich 12% sinken. Die medizinischen Ausgaben für „teure Patienten" und Senioren sanken sogar um 19% pro Jahr. Dies, obwohl bei einer dreijährigen Vorbeobachtung die Kosten für die spätere TM-Gruppe gegenüber der Gruppe ohne TM gleich hoch waren.

Umgelegt auf die Gesamtbevölkerung könnten durch breite Anwendung der TM jährlich Milliardensummen an Kosten im Gesundheitssystem eingespart werden!

Bessere Gesundheit ohne Enthaltsamkeit

Was das für einen einzelnen Menschen bedeutet, kann man leichter erfassen als die Auswirkungen einer breiten Anwendung der TM für unser Gesundheitssystem. Jemand, der daran interessiert ist, die TM zu erlernen, kann sich selbst eine Menge Leid und Unannehmlichkeiten ersparen, wenn er diese mühelose Technik regelmäßig für zweimal 20 Minuten täglich anwendet. Es ist also nicht mehr anstrengend oder unangenehm, etwas Gutes für die Gesundheit zu tun, wie es bei vielen Diäten oder übertriebenen sportlichen Übungen der Fall sein mag.

Was die Auswirkungen einer weiten Verbreitung der TM auf unser fast nicht mehr finanzierbares Gesundheitssystem anbelangt, möchten wir den britischen Abgeordneten im Oberhaus, Lord Baldwin, bei einer Parlamentsdebatte über unkonventionelle Heilmethoden zitieren: „... *Wenn auch nur die Hälfte von dem eintrifft (was die erwähnten Studien über TM aussagen), wäre das Grund genug, dies in jeder Arztpraxis im Lande in goldenen Lettern zu verkünden.*"

● Moderne Medizin – ein Gesundheitsrisiko?

Ein weiteres Argument spricht für die rasche Anwendung der TM in unserem Gesundheitssystem: Neuere Studien zeigen mehr und mehr das Gesundheitsrisiko auf, in das man sich begibt, wenn man auf die moderne Medizin vertraut.

Eine 1994 durchgeführte Hochrechnung von Wissenschaftlern der Harvard Universität kommt zu dem Ergebnis, dass infolge ärztlicher Maßnahmen alleine in den USA jährlich ca. 180.000 Menschen sterben, etwa 4x soviel wie bei Autounfällen. Solche Zahlen zeigen die enorme Bedeutung einer effizienten und von jedem Menschen leicht und gefahrlos anwendbaren Vorsorgemaßnahme wie z. B. der Transzendentalen Meditation für die ganze Bevölkerung.

Zusammenfassung:

▶ Mit Hilfe der Transzendentalen Meditation können wir unser volles geistiges und körperliches Potential entwickeln und so spontan in Einklang mit den natürlichen Gesetzmäßigkeiten des Lebens kommen

▶ Die breite Anwendung der TM als Vorsorgemaßnahme stellt eine reale Möglichkeit dar, die drohende Krise im Gesundheitswesen abzuwenden. Langzeitstudien zeigen eine Verringerung der Krankheitskosten um ca. 50%.

▶ Transzendentale Meditation unterstützt bei organischen Krankheiten den natürlichen Heilungsvorgang und ist eine ursächliche Maßnahme bei psychosomatischen Krankheiten

Was sagen Ärzte zur TM?

Weltweit haben bisher über 10.000 Ärzte die Transzendentale Meditation selbst erlernt und viele empfehlen sie ihren Patienten. Dafür gibt es einige wichtige Gründe, die übereinstimmend von den Ärzten, die die TM in ihren Praxen einsetzen, genannt werden. Neben der leichten Erlernbarkeit dieser Entspannungsmethode und ihrer bequemen Anwendung im täglichen Leben sind es vor allem die folgenden Argumente:

► Die sogenannte Compliance ist außergewöhnlich hoch. Darunter versteht man die Akzeptanz und Mitarbeit in der Anwendung einer Methode. Patienten üben die TM in der Regel gerne aus, freuen sich auf die Meditation, spüren rasch ihre guten Wirkungen und bleiben daher auch in einem hohen Prozentsatz dabei.

► Die von der TM erwarteten Wirkungen treten auch tatsächlich ein. Da diese alte vedische Technik auf natürlichen geistigen Prinzipien beruht, wirkt sie spontan und zuverlässig. Dies konnte auch objektiv bei den zahlreichen physiologischen Untersuchungen an TM-Ausübenden festgestellt werden.

► Die TM-Effekte sind keine „Eintagsfliegen". Im Gegenteil: Wer regelmäßig meditiert, profitiert besonders, und die Regeneration und Erneuerung vertiefen sich mit jeder Meditation! Die Langzeiteffekte der TM sind in verschiedenen Studien besonders auffallend.

Weltweit unterstützen namhafte Wissenschaftler und Ärzte die Anwendung der TM im Gesundheitswesen. Wir können nur einige von ihnen beispielhaft zu Wort kommen lassen:

Prof. Z. Schlezinger, namhafter israelischer Herzspezialist:	*„Stress ist einer der Hauptfeinde der Gesundheit. Die tiefe Ruhe, die sich während der Transzendentalen Meditation einstellt, ermöglicht es, Stress natürlich zu verarbeiten und die innere Intelligenz des Körpers zu*

beleben. Das ist eine Tatsache! Hunderte von wissenschaftlichen Untersuchungen haben gezeigt, dass Transzendentale Meditation die Fähigkeit besitzt, bei vielfältigen Krankheitszuständen eine Linderung herbeizuführen oder vorbeugend die Gesundheit zu erhalten."

Prof. Hans Selye, Begründer der modernen Stressforschung:

„Untersuchungen über die Wirkungen der Technik der Transzendentalen Meditation zeigen, dass ihre physiologischen Auswirkungen genau entgegengesetzt zu den Faktoren wirken, die die Medizin als typische Symptome von Stress identifiziert hat."

Dr. med. Glaucio Luiz Bachmann Alves, Professor der Universität Parana, Brasilien, Klinische Medizin und Psychiatrie:

„Die Transzendentale Meditation war das beste Investment, das ich je getätigt habe. Ich habe von ihr auf unzählige Weise profitiert: höhere Produktivität in der Arbeit, mehr Verständnis für die Patienten und Familienangehörigen und ein besseres Begreifen des Lebens in seinen verschiedenen Aspekten. Die guten Auswirkungen dieser einfachen Technik können alle Horizonte der Existenz erweitern: physisch, geistig und emotional. Sowohl als Arzt als auch als Privatperson empfehle ich allen die TM stärkstens."

Dr. Karin Pirc, Psychologin, Ärztin und Leiterin einer Kurklinik in Rheinland-Pfalz:

„Ich empfehle meinen Patienten gerne TM, weil sie leicht zu erlernen ist und weil sie sich problemlos in den Alltag integrieren lässt....Die größte Freude für mich als Arzt ist es, die Patienten wiederzusehen, die vor einiger Zeit mit der TM begonnen haben. Fast ausnahmslos sind objektive Verbesserungen ihres Befindens festzustellen. Alle fühlen sich vom ersten Tag an wohler und entspannter. Dieses Empfinden nimmt im Laufe der Zeit noch zu."

Dr.med.Bauhofer,
Ärztlicher Direktor,
Parkschlösschen
Traben-Trarbach:

„Im Laufe meiner ärztlichen Tätigkeit habe ich an hunderten Patienten miterleben können, dass sich Bluthochdruck, Unruhezustände oder Schlafstörungen ebenso wie Spannungskopfschmerzen, Migräne, Asthma oder Verdauungsstörungen innerhalb von Wochen bis Monaten behoben, nachdem sie mit der Technik der Transzendentalen Meditation begonnen haben. Vorher benötigte Medikamente konnten häufig reduziert oder gar abgesetzt werden. Diese immer wieder gemachte Beobachtung deckt sich mit vielen medizinischen Studien, die zeigen, dass jeder Mensch durch die TM seine körperliche und geistige Gesundheit überdurchschnittlich verbessern und dies zunehmend weiter ausbauen kann, während er ganz nebenbei seine Persönlichkeit entfaltet."

**Dr. med.
Bernd Kamradt,**
Arzt für
Frauenheilkunde,
Bad Sooden/
Allendorf:

„Ich empfehle die Technik der Transzendentalen Meditation (TM), weil ich seit über 20 Jahren beobachte, dass ganz unterschiedliche Menschen mit ihr sehr schnell zu tiefer innerer Ruhe, Ausgeglichenheit und Zuversicht zurückfinden. Dieser Kontakt mit dem inneren Heilpotential führt dann zur Abnahme des Bluthochdrucks, erhöhter Blutcholesterinwerte und Abbau von Schlafstörungen. Weitere Krankheiten wie Asthma und Herzkrankheiten und zahlreiche funktionelle Beschwerden sehe ich ebenfalls positiv beeinflusst".

Dr. med. Mathias Kossatz, Arzt für Allgemeinmedizin in Frankfurt:

„Maharishis Transzendentale Meditation (TM) steigert Kreativität, Verantwortungsgefühl, soziale Kompetenz und Gesundheit der Menschen. Unternehmen, zu deren wichtigsten Ressourcen heutzutage zuverlässige, geistig bewegliche Mitarbeiter zählen, sollten die TM systematisch nutzen. Sie eignet sich dafür besser als jede andere Methode, denn sie wird nach einheitlichen Qualitätsstandards gelehrt, sie ist leicht zu erlernen und auszuüben, ihre Wirkungen sind sofort und unmittelbar erfahrbar, sie verfügt über die Sicherheit einer jahrtausendealten Tradition und ist die wissenschaftlich am besten erforschte Meditationstechnik."

Dr. med. Michael Mayer, Facharzt für Arbeitsmedizin, Stuttgart

„Viele Patienten leiden heute an psychosomatischen Störungen. Die Patienten fühlen sich elend, aber der Arzt kann keinen objektiven Befund feststellen. Medikamentöse Behandlung bringt in diesen Fällen keine Heilung. Als praktischer Arzt bin ich froh, dass ich mit der TM ein Mittel an der Hand habe, um ihnen dauerhaft und wirksam zu helfen. Besonders bei den Patienten mit Schlafstörungen kann man schnelle und unmittelbare Wirkungen feststellen."

Dr. med. Jann Suurkula, schwedischer Arzt:

„Kein anderes Programm hat eine so gründliche wissenschaftliche Dokumentation vorzuweisen, die die lebensunterstützenden Veränderungen in Körper, Psyche und Verhalten belegt. TM bringt sofort tiefgreifende Verbesserungen und dauerhafte Ergebnisse."

Dr. Rainer Picha
ist Facharzt für Innere
Medizin und
Kardiologie und
arbeitet als Oberarzt
der II. Medizinischen
Abteilung des
Landeskrankenhauses
Graz als invasiv tätiger
Kardiologe und
leitender Intensiv-
mediziner.

„Beeindruckt hat mich eine neue Erfahrung als Spitalarzt, nämlich die der positiven Nebenwirkung: Geradezu regelmäßig berichten Patienten, nachdem sie die Technik der Transzendentalen Meditation erlernt haben, über verschiedene positive Auswirkungen nicht nur auf den Verlauf der aktuellen Krankheit, sondern auch auf ihre gesamte Lebenssituation. Es ist natürlich für jeden Arzt eine große Freude, wenn seine Patienten zufrieden und gleichzeitig keinerlei Nebenwirkungen zu befürchten sind. Ich würde mir wünschen, dass sich diese einfache Technik sehr rasch in allen Bereichen der Medizin durchsetzt."

Kapitel 6

TM IN JEDEM LEBENSALTER

Entspannung für gestresste Eltern

Eine Mutter, deren Sohn aufs Musikgymnasium gehen sollte, aber sich mit seinen Noten im Jahr des Übertritts gerade immer so an der Grenze des Nötigen bewegte, wirkte sichtlich ausgelaugt: „Ständig muss ich hinter ihm her sein, dass er lernt, immerzu ihn motivieren, damit er sich ranhält. Dabei hat er alle Fähigkeiten. Ich habe extra einen Schulpsychologen zu Rate gezogen, der überzeugt ist, dass er die höhere Schule problemlos schaffen könnte."

Sie kam an sich wegen ihrer Verspannungen im Nacken und einem „Tennisarm" in meine Sprechstunde, aber schon nach wenigen Minuten schwenkte sie spontan auf das Thema „Sohn" über, um sich Rat zu holen, wie sie damit zurecht kommen sollte, da sie das sehr belastete und – wie unschwer zu erkennen war – auch ihre Verspannungen förderte, wenn nicht sogar auslöste. Ihre Stimme wirkte geschwächt und man merkte, wie sie angefangen hatte, in ihrem Leben zu kämpfen: 3 Kinder, einen beruflich angespannten Ehemann, eine kränkliche Schwiegermutter, um die sie sich rührend sorgte, Haushalt, Schulveranstaltungen und – eine gute Seele wie sie ist – auch noch Wohltätigkeiten bei Freunden und Nachbarn, denen sie mit Homöopathie, Tees und Rat und Tat bei Schnupfen, Husten, Kopfschmerzen und Herzenskummer zur Seite stand.

Hier war schnell klar: Dieser Frau (und ihrem Sohn) kann dauerhaft und wirkungsvoll nur geholfen werden, wenn sie etwas Grundlegendes an sich selbst ändert: Sie muss aufhören zu kämpfen, sich zu verbrauchen und auszulaugen, da sie das immer weiter weg von der Lösung ihrer Aufgaben bringt. Sie braucht erst einmal Sammlung, Ruhe, Abstand, Erholung. Ein Ferienwochenende ohne Kinder und Mann zum Beispiel könnte sie zunächst einmal wieder ein Stück näher zu sich selbst bringen.

● „Keine Zeit" – eine Erscheinung unserer Zeit

Diese heute durchaus alltägliche Geschichte ist symbolisch für die „Problematik" unserer Zeit. Die zivilisierte Menschheit des zu Ende gehenden 20. Jahrhunderts wird in ständige Verpflichtungen so verwickelt und verflechtet, dass sie den Bezug zu sich selbst verliert. Sogar dann, wenn Freizeit und Urlaub endlich erlauben würden, Luft zu holen, sich zu erneuern, neue Kräfte zu sammeln und sich selbst wieder zu finden, greift unsere Gesellschaft die „günstige" Gelegenheit auf, schnell wieder eine ausfüllende Betätigung zu finden. Ich frage manchmal Patienten, die unter dem „Verpflichtungssyndrom" leiden: „Können Sie während des Tages einfach mal nichts tun?" „Ja, ich lese dann die Zeitung, stricke oder sehe fern." „Können Sie einfach nur sitzen und nichts tun?" „Nein, es kommt dann sofort der Gedanke, ich könnte was versäumen, ich nützte die Zeit nicht, könnte jetzt dafür lieber etwas „Sinnvolleres" machen."

● Der stille Organisator in uns

Für das Lösen von Problemen ist wichtig: Jeder von uns hat in sich selbst einen unerschöpflichen Bereich von Kreativität. Er ist voller Lösungshilfen. Wir müssen aber ausgeruht und innerlich ausgewogen sein, um diese wertvolle Quelle in uns voll zu nutzen. Wer in sich ruht, sieht klarer, erkennt Lösungen und befreit sich auch aus schwierigen Situationen, die ihm das Leben als Aufgabe zu reifen und zu wachsen entgegenstellt. Und vor allem – er wird nicht selbst zum Initiator von Konflikten und zum Förderer von Problemen.

● Wenn uns unsere Grenzen aufgezeigt werden

Die oben genannte Mutter erkannte nach einem kurzen Gespräch sofort, dass sie im Grunde mit ihrer Art, auf den Sohn einzureden, keine wesentlichen Fortschritte würde erreichen können. Die auf natürliche Weise religiöse Frau, die aus ihrem Glauben immer wieder Kraft schöpfen konnte, war diesmal an einem Punkt angekommen, der ihr die Grenzen ihres von Kampf und Anstrengung getragenen Handelns aufzeigte. Sie erkannte schnell, dass sie ihre Lebensweise neu überdenken musste. Die angebotene Hilfe bestand vor allem darin, sinnvoll mit ihren Kräften umzugehen, sich regelmäßig Ruhe und Erholung zu gönnen und die Weisheit zu beherzigen, dass vor allem in der Erziehung wenig *oft mehr sein* kann. Wenn wir ausgeruht und gestärkt sind, kann ein richtiges Wort zur richtigen Zeit oft Wunder wirken. Ich empfahl ihr, die Transzendentale Meditation zu erlernen. Damit konnte sie zweimal täglich tiefe Ruhe tanken, neue Energien schöpfen und ihre mütterlichen Aufgaben mit neuem Elan und vor allem erfolgreicher erfüllen.

● Die wertvollste Ruhepause des Tages

Hannelore Elsner, bekannt von Film und Fernsehen, schätzt die TM als wertvolle Hilfe für Beruf und Familie gleichermaßen:

„Für mich ist es das Natürlichste der Welt, zu arbeiten und gleichzeitig Kinder großzuziehen. ...Ich glaube, ich bin eine gute Mutter; vor allem bin ich gerne Mutter. Für meine Rollen allerdings, da brauche ich Ruhe, die ich im richtigen Leben eigentlich nie habe (nur beim Meditieren lassen mich Familie und Kollegen in Ruhe). Ich praktiziere Transzendentale Meditation, und das überall: zu Hause, auf Reisen, am Drehort, im Waschraum, am Strand. Die Kollegen fragen mich dann immer ganz erstaunt: Warum strahlst du so? Klar, durch die Meditation komme ich immer wieder ganz schnell ins richtige Lot.“

Aktive Lebenshilfe in Ehe und Partnerschaft

„Zuerst hat meine Frau TM erlernt. Schon nach kurzer Zeit habe ich Veränderungen an ihr bemerkt. Sie war ruhiger und aufgeschlossener. Das hat mich überzeugt," erzählt Herr Walter M., 50-jähriger Schulrat. „Beim nächsten Kurs, der in unserem TM-Lehrinstitut angeboten wurde, machte ich mit. Das war vor fast 20 Jahren, und seither meditieren wir beide regelmäßig 2x täglich 20 Minuten. Das Motiv für mich war der enorme Stress, den ich im Lehrberuf erfuhr. Die Auswirkungen waren schon in den ersten Tagen spürbar – nicht nur für mich, sondern auch für meine Schüler. Die Arbeit machte mir wieder Freude, und ich war von Anfang an nicht mehr so müde wie in meiner Zeit vor der TM. Wenn ich mittags vom Unterricht nach Hause kam, brauchte ich nicht mehr mehrere Stunden, um mich vom Unterricht zu erholen und wieder für andere Aktivitäten fit zu sein. Dieser Effekt hat bis heute angehalten oder ist sogar noch intensiver. Heute merke ich, dass sich unsere regelmäßige Meditation auf alle Bereiche unseres Lebens auswirkt: Wir haben ein harmonisches Familienleben, fühlen uns gesund und auch wirtschaftlich geht es uns gut."

Die tiefe Entspannung, die während der Ausübung der Transzendentalen Meditation erfahren wird, hat positive Auswirkungen auf die ganze Persönlichkeit des Meditierenden. Die Erfahrung, zu „sich selbst" zu finden, gibt vielen Menschen ein neues Selbstverständnis und Selbstbewusstsein. Jeder Mensch, der seine wahren Qualitäten entdeckt hat, wird mit sich selbst zufriedener sein. Ausgeglichenheit, Toleranz und Offenheit anderen Menschen gegenüber führen zu mehr Harmonie auch in Ehe, Familie oder Partnerschaft. Ein Ehepaar, das seit vielen Jahren zusammen die TM ausübt, formulierte es so: „Die TM ist eine Bereicherung für unsere Partnerschaft. Es ist immer wieder schön, zusammen die Stille erfahren zu können. Das Vertrauen in den Partner wächst. Es ist wie ein Wunder – man verliebt sich jeden Tag aufs Neue!"

TM in Schule und Ausbildung

● Leichter lernen mit Transzendentaler Meditation

„Das geht ganz leicht," sagt die 10-jährige Sabrina nach der persönlichen Unterweisung in die TM. „Ich verstehe gar nicht, warum ich wiederkommen soll, ich glaube, dass ich schon richtig meditiere!"

Sabrina besuchte den TM Kurs mit ihren Eltern und ihrer älteren Schwester. Sie war eigentlich das „Zugpferd" für den Rest der Familie, am Kurs teilzunehmen. Nach den Informationsabenden sagte sie im Brustton der Überzeugung: „Also ich möchte mitmachen. Wer ist noch dabei?"

In ihrer natürlichen Unschuld fällt Kindern das Erlernen der TM meist besonders leicht. Und auch die Resultate kommen bei Kindern meist sofort: sie fühlen sich gut gelaunt, streiten weniger mit ihren Geschwistern und merken meist schon innerhalb weniger Tage, dass ihnen das Lernen in der Schule leichter fällt.

Diese subjektiven Erfahrungen werden auch durch wissenschaftliche Studien an und mit Schülern bestätigt. TM praktizierende Schüler wiesen bei Tests im Vergleich zu nicht meditierenden verbesserte Lernfähigkeit und Intelligenz, bessere Schulnoten und ein harmonischeres Verhalten in der Schule auf. Wir konnten auch in vielen Fällen beoachten, dass die oft so schwierige Zeit während der Pubertät bei meditierenden Kindern und Jugendlichen viel spannungsärmer und emotional ausgewogener verläuft.

Die manchmal von Eltern geäußerte Sorge, dass Kinder oder Jugendliche durch Meditation in ihrer Entwicklung negativ beeinflusst oder in ein falsches Fahrwasser gebracht werden könnten, ist bei der TM völlig unbegründet. Maharishis Transzendentale Meditation ist ein rein mechanischer Vorgang ohne Vermittlung irgendwelcher Inhalte oder moralischer Werte. Allein durch die Erfahrung der Stille finden Schüler und Jugendliche den Ausgleich, den sie bei den vielfältigen, oft destruktiven Einflüssen der heutigen Zeit notwendig brauchen.

● Schule bildet einseitig

Keine Schule übernimmt heute Gewähr für eine ganzheitliche Entwicklung der Kinder. Der Unterricht ist rein auf die Entwicklung intellektueller Aspekte ausgerichtet. Dadurch werden bestimmte Hirnzentren, die für diese Fähigkeiten zuständig sind, überstimuliert. Gleichzeitig bleiben die für ganzheitliches Denken und Kreaviät zuständigen Hirnareale nicht nur unterentwickelt, sondern werden nach Ansicht von Neurophysiologen sogar noch unterdrückt. Die Folgen dieser schädlichen, einseitigen Belastung und Entwicklung können wir täglich beobachten: mangelnde Kreativität bei Berufswahl und Jobsuche, mangelnde Energie und Ausdauer in Ausbildung und Berufsleben, Unwissenheit über die eigenen Entwicklungsmöglichkeiten, Missachtung von natürlichen Regeln für ein gesundes und erfolgreiches Leben bei einem großen Teil der Schulabgänger unserer Zeit.

Eine weitere seelische Belastung unserer Schüler ist das Umfeld zunehmender Gewalt in den Schulen, das heute nicht nur in den Großstädten zu beobachten ist. Die Schüler brauchen die Möglichkeit, sich nicht nur von der einseitigen Überforderung durch das gängige Schulsystem in tiefer innerer Stille zu entspannen, sondern auch den Stress der sozialen Konflikte in den Schulen zu verkraften. TM eignet sich dazu hervorragend, wie viele Studien mit Schülern und die Erfahrungen von Eltern und Lehrern zeigen.

● TM erfolgreich an Schulen eingesetzt

Weltweit gibt es bereits seit Anfang der siebziger Jahre eine große Anzahl von Schulen, an denen die Schüler vor Beginn und zu Ende des Unterrichts zusammen die Transzendentale Meditation ausüben. Die Auswirkungen dieser gemeinsamen Meditation sind erstaunlich. Dies spiegelt sich nicht nur in der Leistungsfähigkeit der einzelnen Schüler wider, sondern auch im Abbau von Spannungen in der Schule und oft sogar in der ganzen Stadt.

Inzwischen liegen aus unterschiedlichen Ländern umfassende Erfahrungen mit TM im schulischen Bereich vor. Zum Beispiel in England, Dänemark, Schweden, Norwegen, Holland, Kanada, Indien oder den USA wird diese Meditation in Schulen eingesetzt.

So wurde bereits 1971 in Eastchester/USA ein umfangreiches Schulprojekt mit TM durchgeführt. Nach einer sechsmonatigen Informationskampagne wurden zahlreiche Lehrer, Schüler und deren Eltern in die TM eingeführt. Der Schulaufsichtsrat beobachtete, dass meditierende Schüler harmonischere Beziehungen zu ihrer Familie, ihren Lehrern und Freunden entwickelten und ihre Zensuren sich häufig verbesserten.

Auch in verschiedenen Gebieten Asiens und Afrikas wurden ähnliche Projekte mit großem Erfolg organisiert. In einem Vorort von Nairobi/Kenia erreichten beispielsweise jährlich nur rund 30% der Schüler das Klassenziel. Nach Einführung in die TM verbesserten sich die schulischen Leistungen derartig, dass 75% der Schüler im darauf folgenden Jahr in die nächste Klasse versetzt werden konnten.

Verbesserung von Wahrnehmung und Gedächtnis

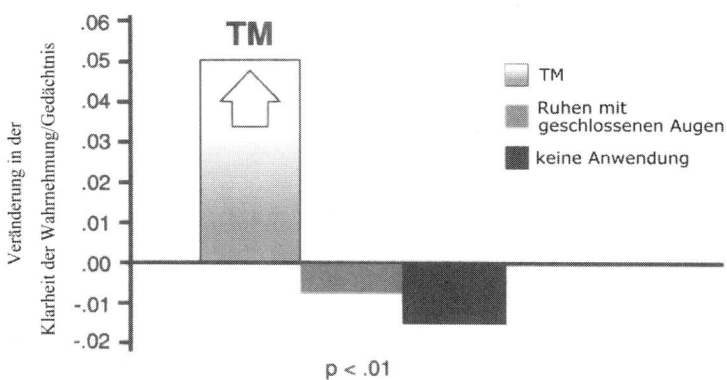

Die Wahrnehmungsfähigkeit und das Kurzzeitgedächtnis von Universitätsstudenten, die die Transzendentale Meditation erlernt hatten, besserte sich signifikant innerhalb von 2 Wochen. Zum Vergleich dienten Studenten, die nach dem Zufallsprinzip in zwei Gruppen eingeteilt worden waren und entweder wie gewöhnlich ihrem Tagesablauf folgten oder zweimal täglich mit geschlossenen Augen ruhten.
Literatur: Meditation and flexibility of visual perception and verbal problem solving, Memory and Cognition 10: 201-215, 1982

113

● Schluss mit dem Prüfungsstress: TM hilft Studenten

„Ich hatte immer riesige Angst vor Prüfungen," erzählt Daniela, eine 25-jährige Medizinstudentin. „Vor 3 Jahren hatte ich das Pech, trotz guter Vorbereitung bei einer großen Prüfung durchzufallen. Ich war immer schon vor jeder Prüfung nervös und musste enorm viel lernen, um nur halbwegs bestehen zu können. Durch die Nervosität pssierte es oft, dass die Hälfte des gelernten Stoffes plötzlich in der Prüfungssituation nicht mehr abrufbar war. Nach diesem Misserfolg war es noch schlimmer. Ich war völlig blockiert und konnte besonders bei mündlichen Prüfungen überhaupt nicht mehr antworten, auch wenn der Prüfer auf meine innere Spannung Rücksicht nahm und nett zu mir war. Fast zwei Jahre lang bestand ich keine einzige Prüfung mehr, ganz gleich wie gut ich mich auch darauf vorbereitete. Ich war schon kurz davor, das Studium abzubrechen und Krankenschwester zu werden, als mich meine Mutter auf einen TM-Info-Abend mitnahm. Nachdem, was ich dort hörte, schien mir TM der letzte Rettungsanker zu sein, denn auch Autogenes Training, psychologische Beratung, Entspannungstraining und vieles mehr, das ich probiert hatte, halfen mir nicht wirklich.

Jetzt meditiere ich seit einem Jahr und glaube, dass ich mein Trauma überwunden habe. Ich habe wieder einige Prüfungen geschafft und sehe mein Ziel, Ärztin werden zu können, wieder vor Augen."

● Das Gefäß für Wissen vergrößern

Im gängigen Studiensystem wird ausschließlich Wert auf Informationsvermittlung gelegt. Dabei wird die Menge an Informationen, die ein Student zu bewältigen hat, täglich mehr. Der „Behälter", der dieses oft unüberschaubare Wissen aufnehmen und verarbeiten soll, das Gehirn des Studenten, wird nicht voll genutzt. Im Gegenteil: Stress und schwieriger werdende Lebens- und Studienbedingungen bringen zusätzliche Belastungen mit sich, die leicht auch zu Blockaden führen können.

„Mit dem Erlernen der TM kam es zu einer echten Trendwende in meinem Studium," erinnert sich der Chemiker Ernst. „Danach konnte ich viel leichter neue Informationen aufnehmen, Zusammenhänge herstellen und auch den Bezug zur Praxis finden. Wenn ich bei Prüfungen auch nicht jedes Detail wusste, wurde ich nicht nervös und konnte den Prüfer von meinen Kenntnissen überzeugen. Andere Kollegen hatten oft viel mehr Detailwissen als ich, aber nicht jenen Überblick und Praxisbezug, den ich seit dem Erlernen der TM entwickelte. Dadurch, dass ich das Erlernte leichter verdaute, wurde ich auch noch wissbegieriger."

Verbesserung geistiger Leistungen

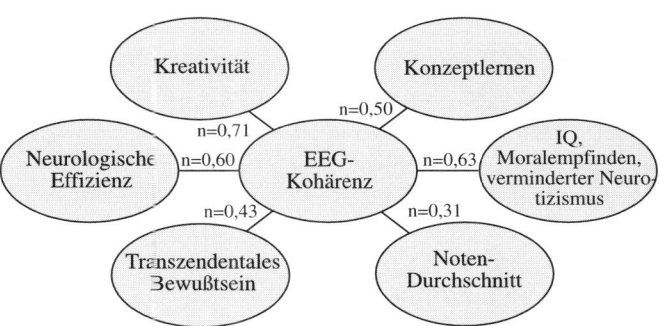

Die erhöhte EEG-Kohärenz, wie sie bei Ausübenden der Transzendentalen Meditation gefunden wurde, korreliert sehr deutlich mit einer Verbesserung geistiger Leistungen. In der Grafik wird dies durch die angegebenen Korrelationskoeffizienten r(-1<r<1) ausgedrückt. Solche Korrelationen zeigten sich insbesondere in Untersuchungen zur Kreativitätssteigerung, die mit r=0,71 besonders hoch lagen, in Tests zur raschen Auffassung neuer Konzepte (r=0,50), einem verbesserten Intelligenzquotienten (IQ) bei verbaler Aufgabenstellung, einem gesteigerten Moralempfinden sowie einer Verminderung von Neurosen (r=0,63). Gleiches konnte hinsichtlich der Verbesserung des Notendurchschnitts (r=0.31), der sog. neurologischen Effizienz (gemessen durch die Zeit bis zur erneuten Erregbarkeit nach Reizung spinaler motorischer Nerven im Hoffmann Reflex r=0,60) und der Klarheit von Transzendenzerfahrungen (r=0,43) festgestellt werden.

Referenzen: *Die obige Abbildung basiert auf Untersuchungsergebnissen aus den folgenden vier Veröffentlichungen: 1. International Journal of Neuroscience 13 (1981): 211-217 • 2. International Journal of Neuroscience 15 (1981): 151-157 • 3. Scientific Research on the Transcendental Meditation Program: Collected Papers, Volume 1, (Livingstone Manor, NY, MERU Press 1977), Arbeit Nr.21, 208-212 • 4.Scientific Research on Maharishi´s Transcendental Meditation and TM-Sidhi Program:Collected Papers, Volume 4 (the Netherlands: MVU Press, 1989): Arbeit Nr. 294, 2245-2266*

● Durch Konzentration besser lernen

Maharishi Mahesh Yogi, der Begründer der TM, erklärt die besseren akademischen Leistungen meditierender Schüler und Studenten damit, dass sie mehr in Einklang mit sich selbst kommen. Der Lehrstoff ist dadurch nicht mehr fremd, sondern Teil des eigenen Lebens.

Es erscheint uns wichtig, hier festzuhalten, dass bei TM nicht der Vorgang der Konzentration geübt wird, wie das bei anderen, meist sehr anstrengenden Methoden der Fall sein mag. Die verbesserte Konzentrationsfäigkeit ergibt sich subjektiv vor allem dadurch, dass der innere geistige „Hintergrundlärm" nachlässt und es dadurch wesentlich leichter fällt, nur eine Sache im Kopf zu haben und nicht ständig von anderen Gedanken abgelenkt zu werden. Neurophysiologen wie Prof. Dr. Ljubimov, Universität Moskau, und andere sind der Auffassung, dass die für die TM typischen Hirnwellenveränderungen mit einem besseren Aufnahmevermögen und einer Verbesserung geistiger Leistungen in Zusammenhang stehen.

TM für Senioren

„Ich bin über 80 Jahre alt. Bei mir lohnt es nicht mehr, etwas Neues wie Meditation zu lernen. Ich habe ohnehin genug Ruhe!" Mit diesem Argument glauben Senioren oft, dass Veränderungen in ihrem Leben nicht mehr sinnvoll seien. Dennoch profitieren gerade ältere Menschen besonders von der TM-Technik, wie folgendes Beispiel veranschaulicht:

Meine fast neunzigjährige Tante, pensionierte Schulrätin, überlegte lange, bevor sie sich entschloss, am TM-Kurs teilzunehmen. „Ich dachte nicht, dass ich in meinem Alter noch etwas Neues und Fremdes lernen könnte. Aber schon nach ein paar Tagen war mir die Meditation nicht mehr fremd. Ich fühlte mich geborgen und erfrischt. Sie schenkt mir heute Energie und geistige Klarheit, die ich seit Jahren nicht mehr in diesem Ausmaß kannte. Mein Gedächtnis und meine Laune sind wie in jungen Jahren. Ich habe jetzt auch das Gefühl, dass mir das Altern und der nahe Tod keine Angst bereiten."

Tiefe Meditation kann älteren Menschen darüber hinaus auch einen neuen Lebenssinn eröffnen, indem sie ermöglicht, höhere Werte, Frieden und Weisheit in sich selbst zu entdecken. So kann auch der trennende Tod eines Lebensgefährten besser überwunden werden.

Altern und Unsterblichkeit

Für viele unter uns ist die Begegnung mit dem Alter eine im wahrsten Sinne des Wortes schmerzliche Erfahrung. Ist „Altwerden" aber gleichbedeutend mit „Kranksein"? Die vedischen Weisen sagen Nein und die moderne Gerontologie, die medizinische Altersforschung, bestätigt ihre Auffassung. Auch bis ins hohe Alter ist ein gesundes Leben möglich!

Was sind aber dann die Kennzeichen natürlichen Alterns und was Störungen der Gesundheit? Eine Antwort auf diese Kernfrage könnte lauten: Natürliches Altern hat mit natürlichen Entwicklungs- und Reifungsprozessen zu tun. Mit dem ersten Atemzug unseres Lebens verändert sich bereits der Körper. Wir wachsen, verändern unsere Gestalt, entwickeln unsere individuellen Körpermerkmale und hören nicht auf, uns fortwährend und unaufhörlich zu verändern.

Altern ist Entwicklung

Lebensprozesse laufen in Zyklen ab und folgen einer sinnvollen Richtung in ihrer Evolution. Kindheit und Jugend, Erwachsensein und Alter haben ihre eigenen Wertigkeiten. Sie prägen unsere Entwicklung zu einer höheren Einheit, zum transzendenten Selbst, dem unveränderlichen Wesenskern in uns. Das ist jener Bereich in uns, den wir als immer gleich empfinden. Wenn wir uns an das Brustbein tippen und sagen „Das bin ich", dann meinen wir immer genau diesen „Einen", selben. Das eigene Selbst verändert sich mit den Jahren offenbar nicht. Was sich wandelt, ist der Körper, mit dem wir uns identifizieren. Das Selbst dagegen bleibt unbeeindruckt

Verlangsamter Alterungsprozess

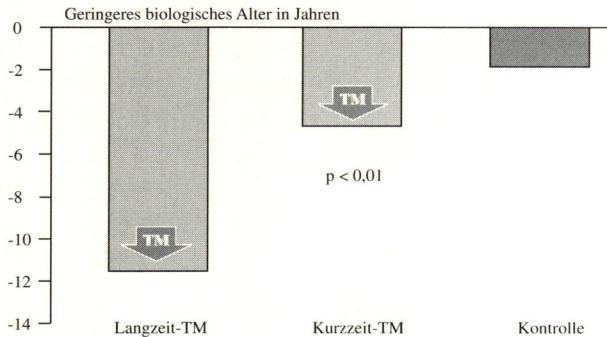

Das biologische Alter gibt an, wie alt eine Person physiologisch ist. Im Durchschnitt war eine Gruppe von Langzeitmeditierenden, die Transzendentale Meditation länger als 5 Jahre ausgeübt hatte, physiologisch um 12 Jahre jünger als es ihrem chronologischen Alter entsprach. Als physiologische Parameter dienten hierzu der niedere Blutdruck, eine bessere Nahsichtigkeit und bessere Hörfähigkeit. Neben der Regelmäßigkeit der Ausübung der Transzendentalen Meditation wurden bei Meditierenden auch die Essgewohnheiten statistisch berücksichtigt. Kurzzeitmeditierende waren etwa 5 Jahre jünger als es ihrem chronologischen Alter entsprach.

Referenzen:
1. *International Journal of Neuroscience* 16 (1982): 53 -58
2. *Journal of Personality and Social Psychology* 57 (1989): 950 - 964.
3. *AGE* 10 (1987): 160

von den Wandlungen in Raum und Zeit. Es nimmt nicht am Alterungsprozess teil. Im Gegenteil, es ist die kostbarste Quelle von Jugend, Wissen und Intelligenz, die wir besitzen. Mehr noch: Unser wahrer und letztlich unsterblicher Wesenskern tief in Innersten *ist* Jugend, *ist* Wissen, *ist* vollkommene Gesundheit.

● Die Umkehrung des Altersprozesses

Wir altern bekanntlich nicht alle mit der gleichen Geschwindigkeit. Mancher Achtzigjährige sieht noch aus wie „das blühende Leben", während der gestresste Vierziger in seinen noch relativ jungen Jahren schon ergraut und alt aussehen kann. Das chronologische Alter, das Alter in Lebensjahren, ist also nicht gleichbedeutend mit dem biologischen Alter.

Wie wahr ist hier der Satz: *Ich bin so jung, wie ich mich fühle!*

Mit TM jung und fit bis ins hohe Alter

Das tägliche Eintauchen in die tiefe Stille der Meditation hat ganz bemerkenswerte Auswirkungen auf das biologische Alter. Mehr als zwanzig wissenschaftliche Untersuchungen zeigen, dass es bei längerer und regelmäßiger TM-Ausübung zu einer biologischen Verjüngung kommt. Langzeitmeditierende sind biologisch um Jahre jünger als Personen gleichen Lebensalters. Ein besonderes Kennzeichen dafür ist das DHEA-S, ein Steroid-Hormon. Ein reduzierter Blutspiegel dieses Hormons ist eng mit dem Altern verbunden und gilt als ein individuelles Merkmal für das biologische Alter einer Person. Wissenschaftler haben festgestellt, dass bei Langzeit-TM-Ausübenden die Werte dieses Hormons noch so hoch waren wie bei Personen einer Kontrollgruppe, die fünf bis zehn Jahre jünger waren. Der entscheidende Grund für diese Verjüngungseffekte wird in der tiefen Ruhe und Entspannung der Meditation gesehen. Dadurch werden Stressfaktoren, die zum vorzeitigen Altern führen, abgebaut.

Senioren erhöhen ihre Lebenserwartung

Dies kann sich offenbar sogar bei hochbetagten Menschen positiv auswirken. In einer mehrjährigen Studie an Bewohnern von Altersheimen fanden amerikanische Psychologen heraus, dass ältere Menschen, die regelmäßig nach TM meditieren, ihre Lebenserwartung beträchtlich erhöhen konnten.

Die Forscher bildeten bei den Heimbewohnern nach Zufallskriterien vier Gruppen: Eine erste lernte Entspannungstechniken, die zweite nahm an Übungen zur Konzentration teil, die dritte lernte TM und die vierte diente lediglich zur Kontrolle. Nach drei Jahren lebten von den 478 Heimbewohnern, die nicht an dem TM-Programm teilgenommen hatten, nur noch 62,5 Prozent. Von den Testpersonen aus der Entspannungsgruppe lebten noch 65%, während die Mitglieder der Konzentrationsgruppe immerhin noch zu 87% lebten. Von den regelmäßig TM-Meditierenden war jedoch bis dahin kein Einziger gestorben.

Kapitel 7

MEDITATION UND MANAGEMENT

Transzendentale Meditation wird in vielen Unternehmen mit großem Erfolg eingesetzt. Lassen wir doch einfach einige Führungspersonen ihre Erfolge mit der TM in ihren eigenen Worte beschreiben:

Hideo Itoh,
leitender Betriebsarzt
des japanischen
Autoherstellers
Toyota

„Transzendentale Meditation verbessert die gesamte Funktionsweise der Gehirnphysiologie. Indem sie Druck und Spannung von Geist und Körper nimmt, hilft sie, Kreativität freizulegen. Heute brauchen wir eine wirkungsvolle Methode, den Geist zu beruhigen. TM erweist sich hier als sehr nützlich."

Peter Koridon,
früherer Manager
von IBM in Holland

„TM ist für mich das Mittel, wieder zu mir selbst zu kommen. Sie schenkt mir Ruhe, Stabilität und Einsicht in die Geschehnisse in meiner Umgebung. Für mich arbeitet die TM auf der grundlegenden Ebene von Geist und Körper und integriert sie dabei mehr und mehr."

Johan Gilag,
Führungskraft bei
BMW in Deutschland:

„Um mehr in Einklang mit der eigenen Natur zu kommen und seine eigenen natürlichen Talente freizulegen braucht man innere Ruhe, Ausgeglichenheit und die Fähigkeit, belastende Einflüsse der Umgebung zu neutralisieren. Die regelmäßige Ausübung der TM hat bei mir wesentlich dazu beigetragen."

Fred Gratzon,
Gründer und Direktor
von Telegroup, einer
amerikanischen
Telefongesellschaft:

„Unsere Angestellten sind harmonisch, kooperativ, produktiv, effizient, enthusiastisch, glücklich, kreativ und flexibel. Etwa 90% der Telegroup-Mitarbeiter praktizieren Transzendentale Meditation und die Auswirkungen lassen sich sowohl im persönlichen Wachstum jedes Einzelnen als auch im Wachstum der ganzen Gesellschaft sehen."

**Nikolaus
Fürst Blücher,**
ehemaliger Direktor
bei Siemens,
Deutschland:

„Die Technik der Transzendentalen Meditation löst nicht nur angesammelten Stress auf, sondern verhindert – wenn sie regelmäßig ausgeübt wird – auch im Ansatz die Entstehung von Stresssymptomen. Die Motivation für Kreativität verlagert sich: Anstatt nur aus Druck heraus Leistung zu bringen, wird man zum lebendigen Ausdruck einer natürlich fließenden Lebensfreude. Es gibt weniger Konflikte zwischen Beruf und Familie, wenn beide Bereiche des Lebens von dem Fluss von Lebensfreude regiert werden."

**Herbert
Groschup,**
Unternehmer:

„Nach der Meditation bin ich ausgeglichen, gut gelaunt und fühle mich energievoll. Ich stelle fest, dass meine Beziehungen zu meinen Mitmenschen harmonischer geworden sind."

Ingrid Born,
Unternehmerin:

*„Noch heute, nach über drei Jahren,
kann ich mich immer wieder darüber freuen,
dass ich das Glück hatte, jemanden zu
treffen, der mir etwas über die
Transzendentale Meditation erzählte.
Das liegt wohl insbesondere daran,
dass diese wirklich einfach anzuwendende
Technik zuverlässig funktioniert und für
wirklich alle Lebensbereiche Verbesserungen
und große Hilfestellungen bietet.*

*Ich habe TM zusammen mit der ganzen
Familie zu einem Zeitpunkt erlernt, wo wir
alle u. a. bedingt durch die enorme Belastung
des Berufsalltages in einem äußerst
problematischen Zustand waren.*

*Schon nach drei Wochen Meditation stellte
ich fest, dass meine Magenschmerzen, die
mich über viele Jahre bei nervlicher Anspannung gequält hatten, verschwanden. Der
berufliche Stress, der Ärger mit den Kunden
ließ sich auf einmal viel leichter bewältigen.
Nach der Abendmeditation sind die
Reibereien des Tages verflossen und werden
nicht mehr wie früher auf die Familie,
insbesondere auch auf die
Kinder, projiziert."*

Ausdruck einer neuen Unternehmenskultur: Die TM in Betrieben und Großfirmen

Stress im Arbeitsleben ist heute mehr denn je ein Thema. Es gibt aber auch eine andere Entwicklung, die sich seit einigen Jahren vor allem in mittelständischen Unternehmen und in Großbetrieben zunehmend durchsetzt: eine neue Kultur der Betriebs- und Personalführung.

Man hat erkannt, dass der Erfolg eines Unternehmens mitunter entscheidend von der Gesundheit, Kreativität und Zufriedenheit der Mitarbeiter abhängt. Deshalb sollen diese Attribute viel mehr als in der Vergangenheit in den täglichen Arbeitsbereich mit einbezogen werden. Das heißt vor allem auch, dass neue Ideen, Erfahrungen und das individuelle Wissen des Mitarbeiters gefördert und honoriert werden und er in Gruppenarbeit und gemeinsame Entscheidungsprozesse mit einbezogen wird – auch wenn es sich um eine Kritik oder einen Verbesserungsvorschlag für den eigenen Arbeitsplatz handelt. Ein wichtiger Gesichtspunkt dabei ist die zunehmende Gleichstellung der Mitarbeiter in den verschiedenen Tätigkeitsbereichen. Denn die Verbesserung und Weiterentwicklung eines Produktes lebt heute von den Vorschlägen der Mitarbeiter aus allen unternehmerischen Hierarchie-Ebenen.

So werden auch die Gesundheit, das Wohlbefinden und die Zufriedenheit der Beschäftigten eines Betriebes heute zunehmend beachtet und gefördert, zum Beispiel durch innerbetriebliche Gesundheitsseminare.

● Führende Wirtschaftsunternehmen entdecken die TM

Diese Entwicklung und die außergewöhnlich positiven Erfahrungen mit dem TM-Programm in Betrieben haben dazu geführt, dass die TM in den letzten Jahren von führenden Wirtschaftsunternehmen in Europa, USA und Asien als Entspannungs- und Meditationstechnik in großem Umfang eingeführt wurde. So hat die japanische Elektronikfirma Sony, einer der weltweit größten Konzerne seiner Branche, 1990 in einer achtseitigen Broschüre allen Mitarbeitern die TM empfohlen. Die Betriebsführung von Sony hatte sich zuvor ausführlich über die gesundheitlichen Wirkungen der TM und die besondere Art der Kreativitätsförderung durch diese Meditation informieren lassen und zunächst die TM selbst erlernt. Man war so begeistert von den positiven Auswirkungen, dass man sich entschloss, TM in allen Betrieben des Sony-Konzerns anzubieten.

Verbesserte Gesundheit am Arbeitsplatz

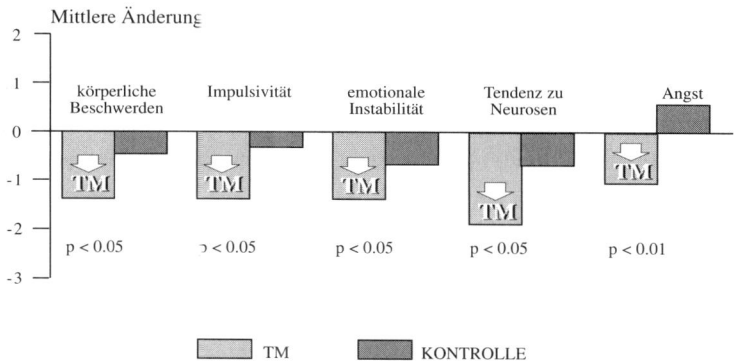

In einer großangelegten Studie des Nationalen Gesundheitsinstituts in Japan wurden 447 Angestellte von Sumitomo Heavy Industries in der Technik der Transzendentalen Meditation unterrichtet und über 5 Monate mit einer nicht meditierenden Kontrollgruppe (321 Angestellte) verglichen. Die Gruppe der Meditierenden zeigte eine signifikante Abnahme bei körperlichen Beschwerden, unbeherrschter Impulsivität, emotionaler Instabilität, Tendenz zu neurotischem Verhalten und Angst sowie Schlaflosigkeit und Rauchen. Studien in den USA zeigten, dass sich bei Angestellten in der Wirtschaft durch Transzendentale Meditation sowohl die Beziehungen zu Vorgesetzten als auch zu Kollegen deutlich verbesserten.

Referenzen:

1. Japanese Journal of Industrial Health 32 (1990): 656.
2. Japanese Journal of Public Health 37 (1990): 729.
3. Academy of Management Journal 17 (1974): 362 -368
4. Scientific Research on the Transcendental Meditation Program: Collected Papers, Volume I (Livingstone Manor; MERU Press, 1977): Arbeit Nr. 97, 630-638

Mehr als 8000 Arbeiter von Sumitomo Industries, einem mächtigen japanischen Schwermetallunternehmen, erhielten eine Ausbildung in Transzendentaler Meditation. Yoshimasa Funato, ein Seniormanager der Gesellschaft, beurteilt den Wert der TM für sich selbst so: „Nach der Transzendentalen Meditation ist mein Denken klarer und die Müdigkeit weg. Außerdem freue ich mich wieder auf meine Arbeit und ich merke, dass ich positiver denke. Besonders nach großen Belastungen und Abgespanntheit ist die Wirkung ausgesprochen auffällig."

Auch führende Autohersteller fördern Meditation bei ihren Angestellten. Ein Konzern hatte bereits mehrere Monate „Probeläufe" mit TM durchgeführt. Die Ergebnisse waren eindeutig: 50% der Meditierenden konnten besser einschlafen, 37% tranken weniger Alkohol und 55% rauchten erheblich weniger.

Einer der größten Postvertriebssysteme der USA beteiligt sich über sein betriebsinternes Ausbildungs- und Gesundheitsförderungsprogramm an den Seminargebühren, wenn Mitarbeiter die TM erlernen möchten. Auch Mitarbeiter eines führenden Computerherstellers in den USA bekommen über ihr Life-Management-Account einen Teil der Kursgebühr zurückerstattet, wenn sie am TM-Grundkurs teilnehmen.

Das Chemieunternehmen Montgomery/USA empfiehlt den Mitarbeitern ebenfalls die TM aufgrund eigener Untersuchungen. Nach einer dreijährigen Beobachtungszeit ergaben sich bemerkenswerte Verbesserungen. Firmenchef R. W. Montgomery erklärt: „Die Mitarbeiter haben mehr Freude bei der Arbeit. Sie sind kreativer und produktiver. Die Fehlzeiten gingen um 85% und die Arbeitsunfälle um 70% zurück. Die Produktivität nahm um 120% zu!"

Weitere Studien in den USA haben gezeigt, dass sich bei Angestellten in der Wirtschaft durch die TM sowohl die Beziehung zu den Vorgesetzten als auch zu den Kollegen deutlich verbessert haben.

Dies alles zeigt, dass diese alte vedische Meditationstechnik sowohl ein effektives Verfahren zur Förderung von Kreativität und Produktivität im Betrieb als auch zur Förderung der Gesundheit der Mitarbeiter ist.

Besonders die Einfachheit und Wirksamkeit der TM wird geschätzt

Der besondere Vortei. dieser Meditation ist auch hier, dass sie so einfach zu erlernen und auszuüben ist. Herr S., ein Kfz-Unternehmer, der drei größere Betriebe verantwortlich führt, schildert seine Erfahrungen wie folgt: „Ich habe schon mehrere Sachen probiert, unter anderem Zen. Nichts aber war so einfach, so leicht wie die TM. Auch mit positivem Denken und Meditations-Kassetten habe ich es versucht. Das war für mich eher Leistungsdruck und machte mir sogar Kopfschmerzen. Bei TM ist das völlig anders. Ich kann loslassen, meinen Gedanken freien Lauf lassen. Auch beruflich ist es bequem, die fünfzehn bis zwanzig Minuten in den Tagesablauf einzubauen.

Früher war ich ein Langschläfer, heute stehe ich gerne schon frühmorgens auf, um meine TM zu machen. Mein Schlaf ist gegenüber früher inzwischen super und ich spüre eine innere Ausgeglichenheit, die ich früher nicht kannte."

Stressmanagement im Arbeitsleben

Nach einer repräsentativen Umfrage an 2000 Arbeitnehmern im Auftrag des nordrhein-westfälischen Sozialministeriums leiden Beschäftigte am Arbeitsplatz zum Teil erheblich an körperlichen und psychischen Stressbelastungen. U. a. klagt jeder dritte Beschäftigte über zu hohen Zeitdruck und zu große Verantwortung, und jeder fünfte fühlt sich durch zu hohe Arbeitsbelastungen überfordert. Komplizierte Aufgabenstellungen als Stressfaktoren werden ebenso genannt wie körperliche Schwerarbeit, Unterforderung, Monotonie und Sinnentleerung der Arbeit. Weitere Faktoren sind Unsicherheit am Arbeitsplatz sowie Schicht- und Nachtarbeit .

Dr. Klaus Karies, Professor am Fachbereich Wirtschaft der Fachhochschule Hannover, bezeichnet in diesem Zusammenhang in seinem Artikel „Stressmanagement-Erfolgspotentiale für Unternehmen" die Meditation als ein geeignetes Mittel, den körperlichen und psychischen Auswirkungen und Folgen von Stress am Arbeitsplatz entgegenzuwirken. Nach seiner Auffassung ist die Transzendentale Meditation hierfür in besonderem Maße geeignet, da sie am fundiertesten wissenschaftlich untersucht ist und vor allem auch Langzeitstudien ihren hohen gesundheitlichen Wert belegen.

Aus der Analyse vorliegender wissenschaftlicher Daten über die TM kommt Prof. Karies zu dem Schluss, dass ein erfolgreiches Stressmanagement nicht nur die Kreativität und Flexibilität des Unternehmens erhöht, sondern auch ein geeignetes Mittel ist, die Kosten im Gesundheitswesen zu senken – und zwar ohne Neuverteilung der Lasten. Auf diese Weise könn-

Transzendentale Meditation funktioniert auch am Arbeitsplatz

ten langfristig auch die betrieblichen Personalnebenkosten gesenkt werden.

● Wie führe ich TM in einer Firma ein?

Um TM in Unternehmen professionell und auf deren Bedürfnisse abgestimmt zu unterrichten, wurde ein spezielles Lehrsystem, das *„Maharishi Corporate Development Programme (MCDP)"* entwickelt. Dieses Konzept bietet vor allem für Führungskräfte die Möglichkeit, TM in einem Standard und Umfeld zu erlernen, den sie auch von anderen Firmenseminaren oder Management-Trainings gewohnt sind. Der Umfang des MCDP-Trainings geht weit über das Maß des üblichen TM-Seminares mit den sieben Schritten und der Nachbetreuung hinaus. Es basiert nicht nur auf modernen Erkenntnissen von Management und Unternehmensführung, sondern dazu auf grundlegendem vedischem Wissen über die Gesetze, wie man im Leben erfolgreich ist, ohne die Naturgesetze zu verletzen. Auch dieser für eine moderne Unternehmenskultur hochinteressante Wissensbereich aus dem Veda wurde von Maharishi Mahesh Yogi wiederbelebt und wird unter dem Begriff *„Maharishis Master Management (MMM)"* angeboten.

Wenn in einer Firma TM in größerem Stil eingeführt wird, ist die feste Anstellung eines TM-Lehrers empfehlenswert. Dieser kann sich unter anderem um die Betreuung der Mitarbeiter kümmern und regelmäßige gemeinsame Meditationen und Meditationsüberprüfugen (Checkings) durchführen. Damit wird gewährleistet, dass jeder einzelne Mitarbeiter, der zu seinem eigenen Wohl und zur Verbesserung des Arbeitsklimas in der Firma TM ausübt, bei Bedarf einen konstanten Ansprechpartner hat.

Zusammenfassung:

TM in Betrieben
► fördert und erhält die körperliche und psychische Gesundheit der Mitarbeiter und der Führungskräfte
► verbessert das innerbetriebliche Klima und die sozialen Beziehungen
► erhöht die Produktivität des Unternehmens
► fördert und entwickelt das kreative Potential des Unternehmens.

„TM ist die Technik, die es dem Menschen ermöglicht, alles zu leben, was die Religionen in allen Zeitaltern gelehrt haben."

Maharishi Mahesh Yogi

Kapitel 8

TM UND RELIGION

Meditation ist heute zu einem Begriff geworden. Wohin wir auch gehen, begegnen wir diesem Thema. Es muss inzwischen gesellschaftliche Bedeutung erlangt haben, denn auch die Werbung – immer ein Spiegel für die Trends der Zeit – hat den Meditierenden im Lotussitz entdeckt: Vom Plakat herab als Symbolfigur von Gesundheit für eine Krankenkasse oder als Sinnbild der Unabhängigkeit und Gelassenheit für die Zigarettenindustrie. Das zeigt uns, welch großes Bedürfnis in der Gesellschaft nach Entspannung, Regeneration und Selbstfindung herrscht.

Die traditionellen großen Kirchen tun sich mit diesem Aufbruch in die Welt nach innen immer noch etwas schwer. Obwohl sie ebenfalls begonnen haben, in ihren Erwachsenen-Bildungswerken Seminare in dieser Richtung anzubieten, und obwohl in so manchem Kloster Meditationsgruppen einziehen, gelangen sie in ein weltanschauliches Dilemma. Die Mehrzahl aller spirituellen Techniken, ungeachtet ihres tatsächlichen Wertes für die Persönlichkeitsentwicklung, stützt sich inhaltlich auf eine ganzheitliche Weltbetrachtung, wie wir sie mehr in den östlichen Philosophien und weniger im Lehrgebäude der westlichen Amtskirchen finden. Derjenige, der solche Techniken anwendet, hat damit keine Probleme und kann seine Erfahrungen mit der Meditation als religiöser Mensch auch problemlos mit seinem Glauben in Einklang bringen, soweit dieser überhaupt davon berührt ist.

Die erstarrte Theologie der Kirchen hat dagegen mit all diesen Methoden und Lehren ihre liebe Mühe. Einerseits will sie ihre Gläubigen verständlicherweise nicht noch mehr aus der Kirche treiben, andererseits sieht sie vermeintliche Grundprinzipien ihres Glaubens in Gefahr. Worin liegt aber das wirkliche Problem?

Wenn wir uns mit den unterschiedlichsten esoterischen oder spirituellen Richtungen und Methoden näher befassen, wird klar: Sie stimmen in ihren Auffassungen von Mensch, Natur und Kosmos, dem Leben nach dem Tode, dem Sinn und dem Ziel des Lebens im Wesentlichen überein. Das Ziel scheint definiert, die Wege sind jedoch verschieden. Und das Ziel heißt Selbstfindung. Diesem Weg haben sich in den letzten Jahren auch hier in den westlichen Industrienationen Millionen von Menschen verschrieben. Es kommt einem geistigen Aufbruch gleich, der trotz verschiedenster Bemühungen konservativer, religiöser und politischer Kräfte nicht aufzuhalten war.

Es fällt auf, dass heute vor allem die jungen Menschen auf natürliche Weise religiös sind, ohne sich fest an eine bestimmte Religionsgemeinschaft gebunden zu fühlen. Damit schwindet der unmittelbare Einfluss der Großkirchen auf ihre Gläubigen beträchtlich. Der Glaube an eine Führung, die aus dem Herzen kommt, scheint inzwischen ungleich weiter verbreitet als das Vertrauen in Glaubenssätze von Konzilien, päpstlichen Manifesten oder bischöflichen Dekreten.

Die großen Kirchen versuchen wohl auch aus diesem Grund ihr Betätigungsfeld zunehmend von der Vertiefung des Glaubens weg in die Politik zu verlegen. Sie wollen dadurch gesellschaftlich im Gespräch bleiben und durch soziales Engagement ihre Anerkennung bewahren. Damit werden sie aber langfristig keine Gläubigen zurückgewinnen!

Es wird notwendig sein zu erkennen, dass Liebe, Mitgefühl, Hilfsbereitschaft, religiöses Leben und die Anerkennung moralischer Werte aus dem Innersten des Menschen kommen. Auch von einem Priester wird erwartet, dass er ein „Wissender" ist, der selbst die Stille in sich trägt. Er sollte nicht nur darüber sprechen, sondern sich selbst den Weisheiten und Mysterien des Lebens geöffnet haben. Der religiöse Mensch von heute erwartet Authentizität! Er sucht keine konstruierte Theologie, sondern unmittelbare Weisheit, die aus dem Herzen kommt.

Religiöse Lehrer müssen heute die Fähigkeit besitzen, denen, die es wünschen, die innere Stille zurückzugeben, die sie in Berührung mit dem Göttlichen bringt.

Wir halten das Vorgehen der Kirchen für falsch, aus Angst um ihre eigene Macht und Position mit Hilfe der sogenannten „Sektenexperten" Kampagnen zu veranstalten, um andere spirituelle Gruppierungen möglichst fragwürdig oder sogar als gefährlich darzustellen. Es sei dahingestellt, ob solche Aktionen, die Angst erzeugen und abschrecken wollen, im Einzelfall überhaupt eine wahre Grundlage haben. Die Enquêtekomission des Deutschen Bundestages, die sich mit solchen Fragestellungen zu befassen hatte und nach zweijähriger Arbeit ihren Bericht im Sommer 1998 veröffentlichte, konnte die von den Großkirchen offenbar zum Teil gezielt geschürten Befürchtungen jedenfalls nicht bestätigen. Auch namhafte Religionswissenschaftler haben nicht nur öffentlich ernsthafte Zweifel geäußert, sondern auch zum Teil massive Kritik an der Vorgehensweise und Lauterkeit der Amtskirchen gegenüber Andersdenkenden geübt.

Wie immer jemand diese Entwicklungen bewerten mag, eines scheint sich abzuzeichnen: Die Beauftragten für Weltanschauungsfragen der christlichen Konfessionen erweisen sich zunehmend als die „Totengräber der Kirche". Sie treiben gerade jene aus ihren Reihen, die noch oder wieder ein fundamentales und vitales Bedürfnis nach spiritueller Erfahrung verspüren, das sie aber innerhalb ihrer Religion nicht mehr stillen können. Diese Leute sind und waren das eigentliche religiöse Potential der Kirchen. Sie fühlen sich jetzt durch das Vorgehen der christlichen Weltanschauungsbeauftragten verleumdet und ausgegrenzt.

Wir sind keine Religionswissenschaftler, sondern Ärzte, die es täglich mit der Seele des Menschen zu tun haben. Und da ist unübersehbar: Menschen aller Glaubensrichtungen und Weltanschauungen sind auf der Suche – und zwar ganz eindeutig nach sich selbst. Das wissen seit Jahren die

Psychologen und Psychotherapeuten, deren Praxen ausgebucht und immer voll sind.

Theologische Vorschriften, Verhaltensnormen und moralischer Druck führen heute zu nichts. Sie sind völlig fehl am Platze, wenn es um die seelische Gesundheit des Menschen geht. Wenn wir das unendlich tiefe Verlangen, die Sehnsucht des Herzens nach Liebe, Glück und Vollkommenheit, nach spiritueller Erfüllung stillen wollen, dann brauchen wir einen praktikablen Zugang nach innen, eine Technik des Rückbezugs (*re- ligio*, Rückbindung) zu unserem Selbst, dem Ursprung und der Quelle religiösen Lebens –, so wie es in allen Weisheitstraditionen der Menschheitsgeschichte gelehrt wurde.

Aus unserer Erfahrung können wir sagen, dass die Transzendentale Meditation eine Methode ist, die zahlreichen Menschen geholfen hat, *in ihrem eigenen Glauben* wieder die Werte und Weisheiten zu finden, die sie ohne diesen wirksamen und natürlichen Zugang nach innen nicht gefunden hätten. Priester, die TM selbst seit vielen Jahren ausüben, bestätigen ihren Wert auch für ihr eigenes religiöses Leben und ihre priesterlichen Aufgaben. Es gibt quer durch alle Religionsgemeinschaften Referenzen, wonach die TM als wertneutrale Technik mit keinem Glauben und keiner Religion in Konflikt steht.

Rabbi Alan Green, Vorsteher einer jüdischen Glaubensgemeinschaft aus Winnipeg/Kanada, seit 23 Jahren nach TM meditierend:
„Die Transzendentale Meditation hat mich zu einem besseren Rabbi werden lassen. Sie hat mir die Möglichkeit gegeben, einen unbegrenzten Einblick in die Tiefen des Lebens zu bekommen. Daher bin ich heute in der Lage, ein wirklich tiefes Wissen über meine eigene Tradition weiterzugeben. Ich kann meine Pflichten als Rabbi so erfüllen, wie ich es von mir selbst erwarte.“

Ein katholischer Priester aus Süddeutschland lernte TM vor 5 Jahren und lässt seither keine Sitzung aus. Er übte vorher das Autogene Training, findet die TM aber für sich selbst wesentlich leichter und wirksamer.

Er sagt: *„TM ist eine einfache und neutrale Technik, die ich täglich zweimal ausübe. Ich freue mich morgens schon auf meine Abendmeditation und umgekehrt. Sie gibt mir Fitness, ich erhole mich und fühle mich nach jeder Meditation wunderbar entspannt. "*

Eine evangelische Pfarrerin aus Südwestdeutschland, meditiert nach TM seit über 25 Jahren:

„Ich lernte die Transzendentale Meditation zu Beginn meines Theologiestudiums kennen und war daran interessiert, weil ich meinen Intellekt trainieren wollte. Ganz allmählich fiel mir dabei auf, dass sich noch Anderes bei mir veränderte: das Wesentliche war bald nicht mehr, über religiöse bzw. dogmatische Inhalte besser reden und schreiben zu können; das Wesentliche wurde für mich nun, dass meine Gefühle stärker, tiefer, belastbarer und meine Liebesfähigkeit tragfähiger zu werden begannen. Für mich persönlich und nicht zuletzt als Seelsorgerin ist das ein Gewinn, für den ich einfach dankbar bin. "

Der protestantische Pfarrer Craig Overmeyer aus Indianapolis/ USA hat die wertvolle Verbindung von christlichem Glauben und Meditation selbst erlebt. Er berichtet: *„Ich habe immer gefühlt, dass die TM-Technik eine große Hilfe bei meinem spirituellen Wachstum war. Sie hat nie meinen christlichen Glauben ersetzt, aber sie war immer eine Hilfestellung. Tatsache ist, dass ich mich dazu entschied, mein Leben Christus zu widmen, nachdem ich drei Monate TM ausgeübt hatte. "*

Auch Pater Kevin Joyce aus San Jose/USA, der bereits seit 20 Jahren meditiert, empfindet die TM als Unterstützung seines christlichen Glaubens. *„Die zweimal 20 Minuten Meditation am Tag geben mir innere Ruhe und große Energie. Ich erlebe den Gottesdienst selbst viel andächtiger und klarer. "*

„Als ich die TM-Bewegung gründete,
hatte ich nur einen Gedanken:
Ich habe etwas, das für jeden
Menschen nützlich ist. Ich zählte
nicht, wieviele Milliarden Menschen
es auf der Welt gibt. Ich wollte nur
großzügig geben, was ich habe -
das Wissen vom Absoluten.“

Maharishi Mahesh Yogi

KAPITEL 9

MAHARISHI MAHESH YOGI UND DIE TM-BEWEGUNG

Mehr als 6 Millionen Menschen weltweit haben in den letzten 40 Jahren Maharishis einfache Technik der Transzendentalen Meditation erlernt. Sie haben entdeckt, dass nur zweimal täglich 20 Minuten innerer Stille genügen, um höhere Bewusstseinszustände zu erfahren und damit mehr Glück, Energie und Wissen in allen Lebensbereichen zu entwickeln.

Maharishi Mahesh Yogi, der Begründer der Transzendentalen Meditation, hat in dieser Zeit ein systematisches Wissensgebäude errichtet. Mehr als 40.000 Lehrer der TM wurden ausgebildet, tausende Lehrzentren, hunderte Schulen und Universitäten gegründet. Maharishis Vedische Wissenschaft und die daraus abgeleiteten Programme zur vollen Entwicklung des menschlichen Potentials werden heute in Firmen, öffentlichen Einrichtungen und im privaten Umfeld in praktisch allen Ländern der Welt angewendet. Woher kommt dieses Wissen? Von wo aus begann eine so dynamische Aktivität?

Eine Begegnung mit dem Meister

Maharishi Mahesh Yogi, der Begründer der Bewegung der Transzendentalen Meditation, ist der Repräsentant einer Wissenstradition, nämlich der Vedischen Tradition, deren Ursprünge weit vor unserer dokumentierten Geschichte liegen. Das Wissen dieser Tradition wurde über Jahrtausende nur mündlich von Lehrer zu Schüler weitergegeben, bevor man in der Zeit vor dem ersten Jahrtausend vor Christus damit begann, es schriftlich niederzulegen. In Bezug auf Alter, Kontinuität, Umfang und Vielfalt ist die Vedische Literatur auf der Erde einzigartig.

Noch während seines Studiums der Physik an der Universität in Allahabad, Indien, suchte Maharishi Mahesh Yogi den Kontakt zu dem von seinen Schülern respektvoll Guru Dev genannten Weisen Brahmananda Saraswati.

Immer und überall, wo Maharishi sich aufhält oder zeigt, ist noch heute ein Bild dieses von ihm hochverehrten Lehrers gegenwärtig. Aber nicht nur in Bildern, auch in seinen Reden bezieht er sich immer wieder auf seinen Meister Guru Dev.

„Das Leben von Guru Dev" erzählt Maharishi in einem seiner Bücher, „war ein Leben der Stille, ewiger Stille ... tief in den Wäldern Indiens, weit weg von menschlichen Behausungen. Dort lebte er von seinem elften bis zu seinem siebzigsten Lebensjahr. Wenn ich es jetzt betrachte, denke ich: Sein individuelles Leben war deshalb so in tiefer Stille gegründet, damit diese Stille in die darauf folgende Zeit großer Aktivität einfließen konnte."

Guru Dev nahm nach 20-jähriger Bedenkzeit den Sitz des Shankaracharya von Jyotir Math in Nordindien an. Das ist eines der vier von Shankara, einem bekannten Meister der Vedischen Traition Indiens, gegründeten Haupt-Lehrzentren, die dazu dienten, seine Lehre rein zu halten und sicher zu stellen, dass sie in ihrem vollen Umfang weitergegeben werde. Guru

Dev galt zu seiner Zeit als einer der angesehensten Weisen Indiens und wurde vom damaligen Staatspräsidenten und Philosophen Dr.Radhakrishnan als „Verkörperung des Vedanta", des höchsten vedischen Wissens, bezeichnet. Maharishi Mahesh Yogi, der vorher einen Universitätsgrad in Physik erworben hatte, verbrachte 13 Jahre als Student bei ihm und erhielt eine umfassende Unterweisung in das vedische Wissen. Nachdem Guru Dev 1953 diese Welt verlassen hatte, zog sich Maharishi in die Einsamkeit und Stille der Höhlen von Uttar Kashi im Himalaya zurück, um in tiefer Meditation sein Wissen zu vervollkommnen.

Wie alles begann: die Gründung der Geistigen Erneuerungsbewegung 1958

Erst nach zwei Jahren wurde Maharishis Stille von einem zarten, immer wiederkehrenden Gedanken angeregt. Er spürte den Impuls, nach Rameshvara, einer Stadt in Südindien, zu gehen. Ohne feste Absichten folgte er dieser Idee und reiste allein von den Höhen des Himalayas zur äußersten Südspitze Indiens. Die Unruhe und das Leid der Menschen, die er dort vorfand, standen in krassem Gegensatz zu dem, was er als Yogi erlebt und von den Vedischen Weisen erlernt hatte. Aus der Erinnerung drückte er seine dort gemachten Empfindungen wie folgt aus: „Ich hatte die Überzeugung, dass es für den Menschen nicht notwendig ist zu leiden. Die Veden sagen: 'Alles ist Seligkeit. Ich bin Seligkeit, unendlich, unbegrenzt, ewig und unveränderlich.' Aber wo war diese Realität im täglichen Leben der Menschen sichtbar?

Tief in mir entstand das natürliche Gefühl, dass etwas geschehen müsste, damit die Menschen nicht mehr leiden, denn es gibt keinen Grund für Leiden!"

Vor seiner geplanten Rückreise in die Berge des Himalaya wurde Maharishi Mahesh Yogi eingeladen, Vorträge zu halten. Ohne besondere Mühe hatte jemand für ihn innerhalb weniger Tage bereits sieben Vorträge organisiert. Der Erfolg war überwältigend: Täglich verdoppelte sich die Zahl der Zuhörer, und es entstand der absichtslose und spontane Beginn einer weltumfassenden Lehrtätigkeit.

„Ich machte mir nichts daraus", denkt Maharishi zurück, „ich betrachtete das Ganze als Zeitvertreib vor meiner Rückreise!" Aber die Zuhörer, die auch die Transzendentale Meditation von ihm erlernt hatten, baten ihn, sie weiter zu unterrichten. So blieb er schließlich sechs Monate im südindischen Bundesstaat Kerala und begann dann eine zweijährige Vortragsreise durch ganz Indien. Seine Botschaft war überall die Gleiche: Die eigentliche Natur des Lebens ist Glückseligkeit; jeder Mensch kann unbegrenztes Seligkeitsbewusstsein durch die mühelose Methode der Transzendentalen Meditation erfahren und ins tägliche Leben integrieren.

Im Dezember 1957 gründete er schließlich im Rahmen eines Seminars in Madras die „Geistige Erneuerungsbewegung" (Spiritual Regeneration Movement, SRM) und begann am 1. Januar 1958 formell seine weltweite Lehrtätigkeit.

● 40 Jahre TM Bewegung

Von diesem Tag an war Maharishi Mahesh Yogi unermüdlich tätig, weltweit die Transzendentale Meditation zu unterrichten und das praktische Wissen des Veda jedermann zugänglich zu machen.

In den **ersten 10 Jahren** seiner Tätigkeit **(1958-1967)** umrundete er fast jährlich einmal den Globus. Er gründete Lehrinstitute, später auch Meditationsakademien in allen Kontinenten. Indem er Lehrer für Transzendentale Meditation ausbildete, vervielfältigte er sich sozusagen selbst und beschleunigte so die Möglichkeit, dass immer mehr Menschen einen Zugang zur inneren Stille, zu ihrem eigenen Selbst finden konnten. Er verfasste damals unter anderem zwei Bücher, die weltbekannt wurden: „Die Wissenschaft vom Sein und die Kunst des Lebens" und seinen Kommentar zu den ersten 6 Kapiteln der „Bhagavad Gita". In diesen Büchern zeigt er den systematischen Weg zu höheren Bewusstseinszuständen und einer problemfreien Gesellschaft auf. Sie zählen heute zu den Klassikern der spirituellen Weltliteratur. *

---

* Beide Bücher sind als deutsche Ausgaben beim J. Kamphausen Verlag, Bielefeld, erschienen.

Im **2. Jahrzehnt** der TM-Bewegung **(1968–1977)** stand die wissenschaftliche Erforschung der Transzendentalen Meditation und der durch sie entwickelten höheren Bewusstseinszustände im Vordergrund. Bis heute sind weltweit über 600 wissenschaftliche Studien über Transzendentale Meditation, z. T. in den angesehensten Fachzeitschriften, veröffentlicht worden. In zahlreichen Fachsymposien mit namhaften Wissenschaftlern und Nobelpreisträgern hat Maharishi außerdem die grundlegende Übereinstimmung zwischen westlichen und östlichen Denkansätzen diskutiert.

Zu den Höhepunkten dieses Jahrzehnts zählen die Formulierung der „Wissenschaft der Kreativen Intelligenz", die in den Begriffen unserer wissenschaftlich orientierten Zeit uralte Vedische Weisheit ausdrückt, die Entdeckung des „Maharishi Effekts" (siehe Kapitel 10) und die Entwicklung des TM-Sidhi-Programms einschließlich des Yogischen Fliegens.

Aufgrund dieser neuen Möglichkeiten zur Entwicklung des menschlichen Bewusstseins und durch wissenschaftliche Forschung unterstützt sah Maharishi eine neue Ära für die gesamte Menschheit anbrechen. Er bezeichnete diese neue Zeit, die durch die volle Entfaltung des menschlichen Potentials bei gleichzeitigem Frieden und Wohlstand in der Gesellschaft gekennzeichnet ist, bildhaft als die 'Morgendämmerung des Zeitalters der Erleuchtung'.

In den nächsten 10 Jahren (1978 – 87) widmete sich Maharishi intensiv dem Veda und der Vedischen Literatur. Er ordnete die Vedische Literatur neu und belebte systematisch die verschiedenen traditionellen Vedischen Wissenszweige, die während der langen Fremdherrschaft, der Indien über zwei Jahrtausende ausgesetzt war, vergessen und verfälscht worden waren. So entstand zum Beispiel in Zusammenarbeit mit den führenden Ayur-Veda-Experten Indiens und westlichen Medizinern der Maharishi-Ayur-Veda, ein wieder vollständiges ganzheitliches Medizinsystem, das seither weltweit zunehmend Anwendung und Wertschätzung findet.

Nachdem Maharishi 25 Jahre lang den Schwerpunkt seiner Lehrtätigkeit auf das TM- und TM-Sidhi-Programm gelegt hatte, um dadurch ein stetiges Wachstum des Weltbewusstseins herbeizuführen, begann er jetzt auch das

Wissen von Jyotish (Vedische Astronomie und Astrologie), Sthapatya Veda (Vedische Kunst und Architektur) sowie Dhanur Veda (Vedische Staatskunst) wieder zu beleben und in Kursen der Öffentlichkeit zugänglich zu machen.

In den letzten 10 Jahren (1988 – 1998) vervollständigte und vertiefte Maharishi seine Vedische Wissenschaft weiter und verwendete gleichzeitig viel Zeit darauf, den organisatorischen Rahmen für eine kontinuierliche Verbreitung des von ihm wiederbelebten vollständigen Wissens zu schaffen. Maharishi Vedische Universitäten und Maharishi Ayur-Veda Universitäten wurden in allen Teilen der Welt ins Leben gerufen. Eine fast unübersehbare Anzahl von Büchern in den Fachbereichen Vedische Wissenschaft, Politikwissenschaft, Pädagogik und Erziehung, Vedische Medizin und Gesundheitswesen, Architektur und Städteplanung, Wirtschaft und Management wurden veröffentlicht oder stehen kurz vor ihrer Publikation.

Sie alle zeugen von Maharishis größtem Bestreben, das Leiden auf der Welt zu beseitigen und unsere Welt so zu gestalten, dass die positiven Kräfte dominieren und die negativen Tendenzen in die Schranken gewiesen werden. Maharishi möchte wieder eine gesunde Natur und eine blühende Gesellschaft erschaffen. Er nennt dies den „Himmel auf Erden".

Maharishi Mahesh Yogi lebt seit einigen Jahren sehr zurückgezogen in den Gebäuden seiner Vedischen Universität in einem stillen Waldgebiet nahe der deutsch/holländischen Grenze. Ungeachtet seines fortgeschrittenen Alters arbeitet er unermüdlich an einer Vielzahl von Projekten. In persönlichen Gesprächen überrascht er immer wieder durch seine treffenden Aussagen und seinen Humor. „Der Himmel auf Erden kommt niemals durch harte Arbeit, sondern nur durch die Verbreitung von Kohärenz und Glück", kommentiert er seine eigene Tätigkeit und ist so auch Vorbild für seine Mitarbeiter.

Maharishi Open University – eine neue Dimension in Bildung und Erziehung

Im Sommer 1998 gründet Maharishi Mahesh Yogi die Maharishi Open University, eine einzigartige Erziehungsinstitution, die jedem Menschen offen steht, um vollständiges Wissen über die Natur des Lebens zu erhalten. Das besondere an dieser Universität ist, dass man nach einem Grundstudium, welches umfassendes Wissen über das Leben in Einklang mit den Naturgesetzen vermittelt, auch berufsbildende Kurse in den Bereichen Management, Architektur etc. zu Hause vor dem Fernseher studieren kann. Alle Lektionen können über Satellitenfernsehen empfangen werden. Über 8 verschiedene Satelliten werden täglich Vorträge von Maharishi und Fachprofessoren, simultan in die wichtigsten Sprachen übersetzt, in alle Kontinente ausgestrahlt. Dadurch ist es heute jedem möglich, ohne die eigenen vier Wände zu verlassen gleichzeitig spirituelles und praktisches Wissen zu erhalten, das sein Leben von Grund auf erneuert und ordnet.

Kapitel 10

DIE WELT IST MEINE FAMILIE

Das Experiment: Meditation kontra Kriminalität

„Diese Zeit gehört zu meinen schönsten Erinnerungen“, erzählt Sigrid H., 55-jährige Schuldirektorin. „Es war wunderbar, mit so vielen anderen Menschen zusammen zu meditieren und harmonisch zusammenzuleben. Leider war das Ganze nur ein Experiment und keine dauernde Situation!“

Sigrid spricht gerne über dieses für sie ganz besondere Erlebnis. Sie hatte im Sommer 1993 in Washington, der Hauptstadt der USA, eine sogenannte „Weltfriedensversammlung“ besucht. Solche Veranstaltungen werden von der internationalen TM-Organisation seit zwei Jahrzehnten regelmäßig durchgeführt, um den friedvollen und ausgleichenden Einfluss von kollektiver TM-Meditation in Krisen- und Konfliktregionen schützend einzusetzen. Auf den empirischen und wissenschaftlichen Hintergrund dieser Aktionen wollen wir gleich noch näher eingehen.

Eine ungewöhnliche Zusammenkunft in Washington

Die Versammlung in Washington hatte dabei einen besonderen Stellenwert. Sie war ein groß angelegtes Projekt, ein Experiment, das mit den Behörden der Stadt abgesprochen war und unter den Bedingungen strenger wissenschaftlicher Kriterien ablaufen sollte. Washington, das bekanntlich auch die unrühmliche Bezeichnung „crime capital" (also Hauptstadt des Verbrechens) besitzt, wurde dafür bewusst ausgewählt. Denn wenn es selbst in dieser von Kriminalität so schwer belasteten Metropole gelingen sollte, durch gemeinsames Ausüben der Transzendentalen Meditation beziehungsweise des sogenannten TM-Sidhi-Programms die Verbrechensrate wirksam und statistisch unbezweifelbar zu senken, dann hätte dies weitreichende Konsequenzen. Es wäre dann zu erwarten, dass die Verantwortlichen in Politik und Gesellschaft diese bisher praktisch ungenutzte Möglichkeit, Frieden zu schaffen und die „Atmosphäre" einer Stadt oder eines Landes zu verbessern, anerkennen und zumindest weiter prüfen würden.

Die Frage, die sich dabei natürlich stellt, lautet: War es nicht vermessen anzunehmen, dass 4000 fortgeschrittene Meditierende, die alle das TM-Sidhi-Programm ausübten, einen solchen Einfluss haben könnten: weniger Gewalt, weniger Unfälle, weniger Krankheiten und Leid in einer Stadt mit mehreren Millionen Einwohnern?

Wir wollen versuchen, nach und nach eine Antwort auf diese Frage aus mehreren Blickwinkeln zu geben. Befassen wir uns zunächst mit der uralten vedischen Betrachtungsweise von Mensch und Gesellschaft.

● Die Welt ist meine Familie

Ein berühmter vedischer Satz lautet: Vasudhaiva kutumbakam, „Die Welt ist meine Familie". Nach dieser Aussage ist jeder von uns Teil einer großen Familie, in der alle Mitglieder ihren angestammten Platz einnehmen. Da in der vedischen Betrachtungsweise Mensch, Natur und Kosmos eine Einheit bilden, ist das Individuum also in die Ganzheit des Lebens eingebunden. Der Friede, den wir in uns selbst entwickeln, wird so zu einem Beitrag für den großen Frieden in der Welt, den die Menschheit schon seit Jahrtausenden herbeisehnt. Die Essenz dieser vedischen Vorstellung lässt sich vielleicht am besten mit dem Satz zusammenfassen: *Friede in der Welt beginnt in den Herzen der Menschen.*

In dieser Weisheit erkannten führende Persönlichkeiten der Gesellschaft zu allen Zeiten und in allen Kulturen die wirkliche und letztlich einzig sinnvolle Möglichkeit für anhaltenden Weltfrieden. Friede im Individuum ist die Grundlage für den Frieden der Gesellschaft. Seine Heiligkeit der XIV. Dalai Lama formulierte das mit den Worten: „Auch wenn der Versuch schwierig sein mag, den Weltfrieden durch die innere Wandlung der einzelnen Menschen herbeizuführen, ist er der einzige Weg."

Den Wahrheitsgehalt solcher Aussagen können wir intuitiv nachempfinden.

Individueller Friede als Basis für Weltfrieden

Wie wurde der mögliche harmonisierende Einfluss der Transzendentalen Meditation auf die Gesellschaft entdeckt? Bereits als Maharishi Mahesh Yogi im Jahr 1958 zum ersten Mal die westliche Welt besuchte, sprach er davon, dass Transzendentale Meditation nicht nur eine Möglichkeit sei, dem Einzelnen Glück und Gesundheit zu schenken, sondern auch eine reelle Chance für mehr Frieden in der Welt eröffne. Er benutzte dazu häufig das Bild: „So wie ein grüner Wald aus grünen Bäumen besteht, so können nur friedvolle Menschen die Grundlage für eine friedliche Welt sein."

Für ihn, der die vedische Weisheit und das Wissen einer jahrtausende alten Tradition übernommen hatte, war schon damals klar, dass TM den Weltfrieden dadurch hervorbringen könnte, dass genügend einzelne Menschen den Frieden tiefer innerer Stille in sich selbst entdecken und leben würden. Anfang der 60er Jahre sagte er erstmals voraus, dass es für einen dauernden Weltfrieden genügen würde, wenn 1% der Weltbevölkerung seine Transzendentale Meditation praktizieren würde.

1% für eine Trendwende

Erstmals fundierte Anhaltspunkte für diese Vorhersage gab es gut ein Jahrzehnt später, im Jahr 1974. US-Soziologen war damals aufgefallen, dass entgegen dem allgemeinen Trend in Städten, in denen 1% der Einwohner oder mehr die Transzendentale Meditation erlernt hatten, die Kriminalität auffallend abnahm, und zwar um durchschnittlich 8% zum Vorjahr! Beim Ver-

Maharishi-Effekt: Verbesserte Lebensqualität und Konfliktentspannung in Nahost

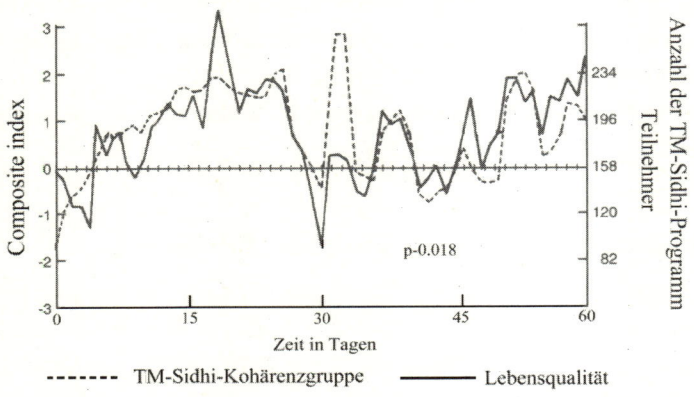

Zeit in Tagen

- - - - - - - TM-Sidhi-Kohärenzgruppe   ———— Lebensqualität

Diese Studie zeigt, dass sich durch eine Gruppe von Personen, die die Technik der Transzendentalen Meditation und des TM-Sidhi-Programms® täglich gemeinsam ausübte, die Lebensqualität in Israel signifikant verbessern ließ. Als Maß wurde ein zusammengesetzter Index (Composite index) berechnet, der sich aus der täglichen Zahl von Kriminalitätsdelikten, den Verkehrsunfällen, der Zahl der Feuerwehreinsätze, der Zahl von Kriegstoten im Libanonkrieg, den Änderungen der Aktienindizes und den Äußerungen der öffentlichen Meinung in der nationalen Presse Israels ergab.

Die Abbildung zeigt die starke Korrelation zwischen der Zahl der TM-Sidhi-Praktizierenden in der Meditationsgruppe in Jerusalem und dem oben genannten zusammengesetzten Index, dessen positive Zahlenwerte eine Zunahme positiver Tendenzen anzeigen.

Literatur: International Peace Project in the Middle East, Journal of Conflict Resolution 32: 776-812, 1988.

gleich mit anderen Städten gleicher Einwohnerzahlen, aber mit weniger als 1% Meditierenden, war dort im gleichen Zeitraum die Kriminalitätsrate, wie damals in den USA üblich, kräftig gestiegen.

Die TM hatte sich in den siebziger Jahren in den USA wie auch in Europa und in vielen anderen Ländern der Welt bereits schnell großer Beliebtheit erfreut und rasch verbreitet. In der Folgezeit konnten die Wissenschaftler daher relativ bald zahlreiche weitere Daten zusammentragen und immer mehr Städte in ihre Beobachtung mit einbeziehen, die nach und nach die 1%-Schwelle erreicht hatten. Und in der Tat: Immer dann, wenn ziemlich genau diese Anzahl an TM-Meditierenden in einer Stadt erreicht war, gab es einen Knick in der statistischen Kurve der Kriminalitätsentwicklung. Hatte sie vorher konstant und scheinbar unaufhaltsam zugenommen, begann sie nun ebenso konstant und anhaltend wieder zu sinken. Dieses Phänomen wurde von den Forschern später als „Maharishi-Effekt" bezeichnet.

Damit war ganz offensichtlich ein weiterer entscheidender, bis dahin zwar vorhergesagter, aber noch nicht belegter Effekt der TM-Meditation entdeckt worden: ihr gesellschaftlich harmonisierender Einfluss. Wie konnten diese Resultate, die unter Wissenschaftlern große Diskussionen auslösten, zustande kommen und plausibel erklärt werden?

Maharishi Mahesh Yogi, der diese Auswirkung seiner TM-Technik ja vorhergesagt hatte, versuchte sie mit einer Analogie verständlich zu machen: Der friedvolle Einfluss von Stille, den jeder TM-Meditierende schafft, würde in die Umgebung ausstrahlen wie das Licht einer Lampe in die Dunkelheit.

Kann so ein Zeitalter des Friedens entstehen?

Aufgrund der schnellen Verbreitung der TM-Technik und der mit großer Gesetzmäßigkeit sich jeweils einstellenden Trendwende in den „1%-Städten" lag es nahe, eine Prognose für eine globale Transformation der Gesellschaft zu stellen. War es möglich, nicht nur in einzelnen Städten, sondern auf der ganzen Erde mehr Frieden, mehr Positivität und ein glücklicheres Zusammenleben aller Menschen zu bewirken?

Maharishi Mahesh Yogi kam Anfang 1975 zu der Schlussfolgerung: „Wenn 1% der Bevölkerung einer Stadt TM ausübt, reduziert sich die Zahl der Verbrechen. Wenn 1% der Weltbevölkerung die Transzendentale Meditation praktiziert, werden Stress und Negativität neutralisiert und auf der ganzen Welt Frieden und Positivität gefördert. Mit diesen ersten Forschungsergebnissen über die soziologischen Effekte der Transzendentalen Meditation können wir den Beginn eines neuen Zeitalters voller Fortschritt und Harmonie für die Menschheit sehen."

In Anlehnung an die überlieferten vedischen Texte und die mögliche Entwicklung höherer Bewusstseinszustände sprach Maharishi Mahesh Yogi von einem bevorstehenden „Zeitalter der Erleuchtung".

● Weitere Forschung und neue Entwicklungen

Seit der Entdeckung des Maharishi-Effekts im Jahr 1974 waren die Soziologen immer wieder bemüht, durch neue und erweiterte Studien dieses Phänomen noch genauer zu erfassen. Parallel zu diesen Forschungen fand noch eine weitere und nicht weniger interessante Entwicklung statt. Maharishi Mahesh Yogi hatte 1976 begonnen, das „TM-Sidhi-Programm", eine Fortgeschrittenen-Technik zur TM zu lehren, „um den bewussten Geist zu trainieren, vom selbstrückbezogenen Zustand reinen Bewusstseins aus aktiv zu werden." (TM-Sidhi-Programm: weitere Informationen siehe Kapitel 12, Seite 175).

Meditierende berichteten von besonders intensiven Erfahrungen von Stille und Glück während des TM- Sidhi- Programms. Auch andere Effekte der TM in den Bereichen Kreativität und Intelligenzwachstum, Gesundheit und Langlebigkeit wurden durch diese natürliche Erweiterung der TM verstärkt. Auffallend war, dass bei Meditierenden die Sidhi-Techniken praktizieren, die Ordnung der Gehirnwellen im EEG besonders hoch war.

Maharishi Patanjali, Yoga Sutras, 2.35:	*„Im Umfeld des Yoga (bzw. des Yogischen Fliegers) verschwinden Konflikte erzeugende Tendenzen, denn die vereinigende Kraft des Yoga neutralisiert die divergierenden Einflüsse in ihrer Umgebung"*

Dies gilt heute in der Bewusstseinsforschung als eine messbare Entsprechung der subjektiven Erfahrung höchster innerer Einheit, des Erlebens von Yoga, also des eigenen Selbst.

Den heilenden Effekt dieser Seinserfahrung auf den Einzelnen haben wir in Kapitel 4 und 5 kennengelernt. Wir wissen also, wie sehr die Erfahrung von Stille und Glück innere Ordnung und Gesundheit des Meditierenden stärken. Doch noch einmal die Frage: Wie könnten auch andere Menschen, die selbst nicht meditierten, davon profitieren? Was sagt die heutige Wissenschaft dazu?

● Einheit – die Grundlage der Vielfalt

Für den Verstand mag es schwer sein, so ein Phänomen zu erklären. Die moderne Quantenphysik liefert uns aber Anhaltspunkte. Sie hat erkannt, dass der ausgedrückten Vielfalt der Schöpfung ein alles verbindendes Feld der Einheit zugrunde liegt, aus dem alle Materie hervorgeht und in die sie wieder zurückkehrt. Die bedeutendste Aussage des Quantenphysikers lautet demnach: Alles ist mit allem verbunden! Daraus ergibt sich eine zunächst schier unfassbare Konsequenz: Die real erscheinende Trennung zwischen mir und meiner Umwelt, der räumliche Abstand zwischen Erde und Mond, die astronomische Distanz zwischen den Atomen meines Körpers und den Molekülen auf einem anderen Stern ist nur Illusion! Sie ist eine Täuschung der Sinne, die nur die Oberfläche des Lebens wahrneh-

Zunehmende Positivität, abnehmende Kriminalität

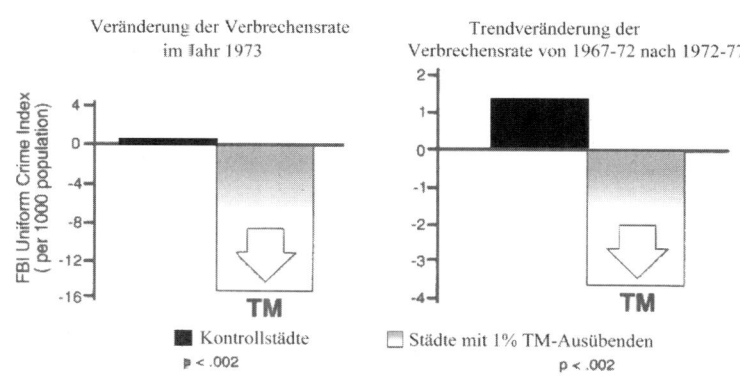

Veränderung der Verbrechensrate im Jahr 1973

Trendveränderung der Verbrechensrate von 1967-72 nach 1972-77

FBI Uniform Crime Index (per 1000 population)

■ Kontrollstädte
p < .002

□ Städte mit 1% TM-Ausübenden
p < .002

In 24 Städten, in denen 1% der Bevölkerung bis 1972 in Transzendentaler Meditation unterrichtet worden war, sank die Kriminalitätsrate ab dem Jahr 1973 im Vergleich zu den Jahren 1967 - 1972. Im Gegensatz dazu stieg die Kriminalitätsrate in Kontrollstädten, die in geographischer Lage, Bevölkerungszahl, Anzahl der Studenten und Anzahl der Verbrechen vergleichbar waren, weiter an.
Literatur: The Transcendental Meditation program and crime rate change in a sample of forty-eight cities, Journal of Crime and Justice 4: 25-45, 1981.

men, aber nicht die dahinter stehende Wirklichkeit, ein Feld von unendlicher Verbindung und Wechselwirkung, erkennen. Selbst der Zusammenstoß zweier winziger Elektronen in einem Quantenenergiefeld bleibt nicht ohne Widerhall in der Unbegrenztheit des Alls.

Das bedeutet demnach für unser praktisches Leben: Was jeder von uns tut, ob er arbeitet, singt, lacht oder meditiert, hat eine Wirkung auf seine nahe und ferne Umgebung. Wir sind uns dieser Dimension unseres Seins und Handelns vielleicht nicht bewusst und dennoch ist sie eine Wahrheit, die von den Weisen aller Kulturen und Zeitalter erkannt und beschrieben wurde. In der Stille der Meditation berühren wir diese kosmische Seinsebene, die alle Lebewesen und die gesamte Natur verbindet. Von einem noch so kurzen Augenblick in Transzendenz, die wir in tiefer Meditation erfahren, geht ein harmonisierender Einfluss aus, der sich im gesamten Universum ausbreitet. Es ist wie mit einem Blatt, das vom leisen Wind getragen auf die stille Oberfläche eines Sees fällt und zarte Wellen erzeugt, die sich über den ganzen See zum Ufer hin ausbreiten.

Normann H. Russel, (Cherokee-Indianer)

So wie der Baum nicht endet
an der Spitze seiner Wurzeln
oder seiner Zweige –
so wie der Vogel nicht endet
an seinen Federn und seinem Flug –
so wie die Erde nicht endet
an ihrem höchsten Berg:
So ende auch ich nicht
an meinem Arm, meinem Fuß, meiner Haut,
sondern greife unentwegt nach außen
hinein in allen Raum und alle Zeit
mit meiner Stimme und meinen Gedanken,
denn meine Seele ist das Universum.

Kann unsere kranke Erde geheilt werden?

Auch unsere Erde ist gleich unserem Körper ein Organismus, der aus unzähligen Lebewesen Pflanzen und Regulationsmechanismen besteht, die alle von der unsichtbaren Intelligenz der Natur unterstützt werden und aufeinander abgestimmt funktionieren. Wir wissen aus der Erfahrung mit unserem Körper, wie unwohl wir uns fühlen, wenn auch nur ein Teilbereich nicht richtig funktioniert. Und wir beginnen sofort, uns wohler zu fühlen und Hoffnung zu schöpfen, wenn eine geringe Besserung eintritt. Gilt das auch für den Organismus Erde? Naturverbundene Menschen und jene, die alle Phänomene des Lebens in Ganzheit verbunden sehen, meinen Ja!

Der Organismus Erde, der durch den zerstörerischen Einfluss der Menschheit an Kriegen, Naturkatastrophen und anderen destruktiven Ereignissen "erkrankt' ist, scheint auf den harmonisierenden und ernährenden Effekt von Ordnung und Stille zu reagieren. Genauso wie destruktive Einflüsse auf die Umwelt von den Menschen ausgehen, können auch ordnende und harmonisierende Kräfte von uns ausstrahlen.

Die Erfahrung hat gezeigt, dass das TM-Sidhi-Programm, vor allem wenn es in größeren Gruppen praktiziert wird, den „Strahlungseffekt" der Transzendentalen Meditation noch deutlich verstärkt. Waren bei der TM 1% der Bevölkerung einer Stadt genug, um eine Umkehr negativer Tendenzen beobachten zu können, genügte beim TM-Sidhi-Programm bereits die Quadratwurzel von 1% der Bevölkerung des untersuchten Gebietes, um gleichwertige messbare Veränderungen im sozialen Gefüge zu erzielen.

Experimente bestätigen den „Maharishi Effekt"

Seit 1974 der „Maharishi Effekt", also die Ausstrahlung lebensfördernder Harmonie über den Einzelnen hinaus entdeckt wurde, sind bis heute über 40 soziologische Studien veröffentlicht worden, die dieses Phänomen bestätigen. Immer wieder wurden in den verschiedenen Teilen der Welt Versammlungen von Meditierenden und Ausübenden des TM- Sidhi- Programms organisiert, um die Auswirkungen von intensiver Kohärenz auf verschiedene wissenschaftliche Parameter wie die Verbrechensrate, Verkehrsunfälle, bewaffnete Konflikte, Krankenhauseinweisungen u. v. a. mehr zu studieren. Dabei versuchten die Forscher, Zufallsereignisse durch strenge statistische Prüfungen auszuschließen.

Die Resultate dieser Studien zeigen eindeutig, dass negative Trends in der Gesellschaft abnehmen und positive zunehmen, wenn eine ausreichende Zahl von Meditierenden zur gleichen Zeit und gemeinsam TM und das TM-Sidhi-Programm ausübt. Man konnte auch feststellen, dass dieser Effekt sich wieder zurückbildete, wenn die Gruppe aufgelöst wurde.

● Eine Gruppe für jedes Land

„Nach so vielen Experimenten wäre es an der Zeit, dass auch die Behörden und Regierungen das Angebot der TM aufgreifen, eine permanente Gruppe von TM- Meditierenden zu unterhalten, um diesen segensreichen Einfluss für die Gesellschaft dauerhaft zu gestalten", meint Helmut C., der mit Sigrid in Washington war. „Während unserer Versammlung sind 18% weniger Schwerverbrechen in Washington verübt worden und soziologische Messgrössen für die Lebensqualität in der Stadt haben sich verbessert. Alle diese Veränderungen sind eingetreten, obwohl der Polizeichef von Washington vorher behauptet hatte, dass nur „50 cm Neuschnee im Juli" die Anzahl der Verbrechen in der Stadt verringern könnte.

Mit einer derartigen TM-Gruppe könnte jetzt jede Regierung die kostspieligen Probleme der Kriminalität in den Griff bekommen und so positive Tendenzen in der gesamten Gesellschaft stärken. Das würde uns allen nutzen."

KAPITEL 11

WIE ERLERNE ICH TM

J eder Meditierende hat seine eigene Geschichte, die ihn zur TM führte. Manche sagen, es war „Zufall": Durch ein Plakat oder ein Buch waren sie darauf gestoßen. Andere wurden von Freunden aufmerksam gemacht. Für viele ist Gesundheit das Motiv, eine Empfehlung des Arztes oder einer Kurklinik.

Kann ich TM aus einem Buch erlernen?

In diesem Buch können wir Ihnen alle notwendigen und wissenswerten Informationen über Transzendentale Meditation geben, jedoch keine direkte Anleitung zum Lernen. Das hat folgende Gründe: Wer die TM praktiziert, erfährt ganz spontan feinere Ebenen des Denkens, er findet zu sich selbst. Dabei entstehen ganz natürlich eine Menge Fragen. Diese müssen von einem autorisierten Experten der Transzendentalen Meditation persönlich und situationsbezogen beantwortet werden, um dem Meditierenden die nötige Sicherheit und das Vertrauen in seine Erfahrungen zu vermitteln. Erst wenn die Meditation mühelos und unbefangen abläuft, ist sie maximal wirksam.

Dieser Austausch von Erfahrungen zwischen Lehrer und Schüler kann sinnvollerweise nicht in einem Buch vollzogen werden. Die Notwendigkeit eines Lehrers bei TM ist daher ähnlich zu erklären wie beim Instrumental-unterricht: Wer wirklich weiterkommen möchte, muss zwar selber üben, braucht aber jemanden, der das Instrument selbst beherrscht und auch die Fähigkeit hat, es zu unterrichten. Denn besonders am Anfang ist eine kompetente Anleitung wichtig; nach dem Motto: „Gut begonnen ist halb gewonnen".

● Wo finde ich einen Lehrer?

Lehrerinnen und Lehrer für Transzendentale Meditation und TM-Lehrinstitute können Sie nahezu in jedem Land der Welt finden. Um sicher zu gehen, dass Sie die hier beschriebene Originalmethode von Maharishi Mahesh Yogi erlernen, sollten Sie sich an eines der im Anhang dieses Buches aufgeführten TM-Lehrinstitute wenden oder an TM-Lehrer, die Ihnen von der Service-Telefonnummer des jeweiligen Landes empfohlen werden.

Wie läuft ein TM-Grundkurs ab?

● Die Schritte des Lernens

Transzendentale Meditation wird weltweit einheitlich gelehrt. Ein Grundkurs beinhaltet eine systematische Folge von Seminaren, die jeweils etwa 1-2 Stunden dauern. Lassen wir uns von einem Teilnehmer den typischen Ablauf schildern:

Schritt 1: Informationsabend (1-2 Stunden)

<u>Donnerstag</u> 20.00 Uhr: Ich sitze mit etwa 10 weiteren Personen im Seminarraum eines Hotels. Ein TM-Lehrer und seine Kollegin stellen sich vor. Sie sprechen ca. 1 Stunde über die Auswirkungen der TM. Für mich ist, was die Wirkungen betrifft, an sich nicht viel Neues dabei, denn ich hatte schon verschiedene Bücher über TM aufmerksam gelesen. Es werden vier Hauptbereiche vorgestellt, bei denen mit der TM positive Ergebnisse zu erwarten sind: Entfaltung der geistigen Möglichkeiten, Verbesserung der Gesundheit, harmonische zwischenmenschliche Beziehungen und positive soziologische Effekte durch Meditation in großen Gruppen.

Die TM-Lehrer finde ich nett, habe mir Meditierende aber anders vorgestellt. Am Ende des Vortrags stellen einige Zuhörer Fragen, eine Diskussion entwickelt sich. Eine Dame, die TM schon erlernt hat, erzählt, wie sich dadurch ihr Blutdruck gebessert hat und dass sie sich allgemein wohler fühle. Die Meditation scheint wirklich effektiv zu sein. Aber wie funktioniert sie? Zur Klärung dieser für mich spannenden und wichtigsten Frage ist ein weiterer Vortrag vorgesehen, zu dem alle Zuhörer für den morgigen Abend eingeladen werden. Das will ich mir auf jeden Fall anhören.

Schritt 2: Vorbereitender Vortrag (1-2 Stunden)

<u>Freitag,</u> 20.00 Uhr: Nicht alle Zuhörer von gestern sind wiedergekommen, dafür sehe ich neue Gesichter – offenbar Freunde oder Bekannte aus dem

Publikum von gestern. Die TM-Lehrer beginnen mit einer kurzen Zusammenfassung der wichtigsten Informationen des gestrigen Abends. Sie leiten dann auf das eigentliche Thema über: Wie funktioniert die TM? Welche Mechanismen liegen der Technik zugrunde? Wie unterscheidet sie sich von anderen Entspannungs- und Meditationstechniken? Wo kommt sie her? Wie wird sie gelehrt? Im Wesentlichen zusammengefasst entnehme ich: keine Konzentration, kein Abschalten müssen, keine Bilder, die ich mir vorstellen oder Formeln, die ich mir vorsagen muss und keine Konzentration auf eine Kerzenflamme! Das spricht mich schon mal an. Der Schlüssel zum Gelingen liegt, so wird immer wieder betont, in der ureigenen Natur meines Geistes, der von zunehmendem Glück und wachsender Freude auf dem Weg zur Transzendenz angezogen wird und daher ganz natürlich und mühelos in diese Richtung geht – besser gesagt gehen würde, wenn ihm ermöglicht wird, den bewussten Denkbereich zu verlassen und einen Gedanken zurück an seinen Ursprung zu verfolgen – dem eigenen Selbst, einem Bereich ruhevoller Wachheit jenseits der Gedanken.

Transzendieren gelingt also mühelos durch ein natürliches Prinzip, eine Fähigkeit, die wir schon besitzen, an die wir uns aber offensichtlich wieder erinnern müssen. TM, so wird erklärt, ist eine zeitlose Methode, die die Weisen der vedischen Wissenstradition über Jahrtausende bewahrt haben und die heute einfach und unkompliziert von jedem erlernt werden kann.

Klingt gut, aber wie das praktisch funktioniert, ist mir immer noch nicht klar. In diese Richtung gehen auch die Fragen aus dem Publikum. Die Antwort stillt den Wissensdurst nicht, leuchtet aber ein: Wie man die TM ausübt und wie sich Meditation „anfühlt", lässt sich nicht in Worten beschreiben, sondern kann nur durch Praxis erfahren werden. Das theoretisch vermittelte Wissen über die Technik der TM war dennoch wichtig und wertvoll. An dieser Stelle gilt es also, sich zu entscheiden.

Die Einweisung in die TM ist an diesem Wochenende möglich. Nicht jeder hat diesmal schon Zeit und der eine oder andere zögert noch. Aber für mich ist klar: Ich will die TM erlernen und melde mich für das Seminar an!

Schritt 3: Persönliches Gespräch (5-15 Minuten)

Freitag, 21.30 Uhr: Auf einem Anmeldeformular gilt es einige einfache Fragen zu meiner Person und meinen Erwartungen zu beantworten. Dann sitze ich – allein und ungestört – mit „meinem" TM-Lehrer in einem Nebenraum. Wir unterhalten uns über das, was am Abend besprochen wurde. Mein Motiv, die TM zu erlernen, ist klar: Gesundheitliche Probleme habe ich nicht unbedingt; aber ich will diese verlockende innere Ruhe, Stille, Transzendenz oder wie immer das auch genannt werden kann. Vor allem die versprochene Mühelosigkeit der Meditation spricht mich an. Wird das auch bei mir so funktionieren? Für den TM-Lehrer scheint diese innere Skepsis offensichtlich kein Thema. TM sei so einfach, dass sie bei jedem funktioniert. Beruhigend zu hören! Ich freue mich auf die persönliche Unterweisung, die wir für Samstag Vormittag vereinbaren.

Schritt 4: Persönliche Unterweisung (ca. 1 Stunde)

Samstag, 11.00 Uhr: Der besondere Augenblick ist gekommen. Im örtlichen TM-Lehrinstitut erwartet mich bereits mein TM-Lehrer. Er bittet mich in einen ruhigen und angenehmen Raum. Der Rahmen für die persönliche Unterweisung ist schlicht, aber feierlich. Ich verfolge still eine altüberlieferte vedische Rezitation durch den Lehrer, die traditionell jeder Unterweisung in diese vedische Meditationstechnik vorausgeht. Nach dieser kurzen Einstimmung gibt mir der TM-Lehrer nun einige einfache Anleitungen. Dabei sitze ich bequem, meditiere ganz unvoreingenommen und spüre schon nach wenigen Minuten deutlich eine angenehme Entspannung. Mehr ist da zunächst nicht, aber überraschend ist doch: Dies geschah von alleine, ohne Absicht. Nun, ehrlich gesagt, hatte ich die Erwartung nach mehr, dass gerade bei mir etwas Sensationelles passieren müßte. Aber der TM-Lehrer bestätigt: Meine Erfahrungen sind korrekt.

Wir meditieren anfangs gemeinsam, später übe ich alleine weiter. Zunächst etwas unsicher, tauche ich alsbald in tiefe innere Ruhe ein und erfahre Augenblicke von Stille und Transzendenz.

Diese und andere Eindrücke meiner ersten Meditation halte ich später auf einem einfachen Fragebogen fest. Fürs Erste bin ich wirklich zufrieden und ich freue mich schon auf zu Hause; denn der TM-Lehrer entlässt mich mit der Bitte, dort heute Abend nochmals für 20 Minuten zu meditieren.

Schritt 5: Bestätigung der Richtigkeit der Erfahrungen: Wie man richtig meditiert (ca. 90 Minuten)

<u>Sonntag, 10.00 Uhr:</u> Alle, die sich am Freitag zum Seminar angemeldet hatten, sitzen wieder vereint in einem großen Kreis um die beiden TM-Lehrer. Im Vorfeld gibt es viel zu erzählen. Jeder hatte seine eigenen Meditationserfahrungen. Strahlende Augen bei jenen, die schon tief in ihr innerstes Bewusstsein eingetaucht waren, noch verhaltener Optimismus bei den anderen, die an ihren Erfahrungen zweifeln oder bei denen nicht das einzutreten scheint, was sie erwarten. Eine Frage vor allem steht im Raum: War die Meditation richtig, habe ich es richtig gemacht?

Zu diesem Thema nehmen die TM-Lehrer daher auch ausführlich Stellung. Alle Anliegen, Bedenken oder Wünsche der Kursteilnehmer werden respektvoll und persönlich beantwortet. Ganz offensichtlich wird die Würde und Einmaligkeit jedes Einzelnen in hohem Maße geachtet und berücksichtigt. Dieses Treffen endet für mich mit einer weiteren ganz bemerkenswerten Erfahrung: Die gemeinsame Abschlussmeditation empfinde ich als besonders intensiv, so als ob sich die Meditationseffekte in der Gruppe gegenseitig verstärken. Dies wird auch zum Thema eines der folgenden Seminare.

Schritt 6: Bestätigung der Richtigkeit der Erfahrungen: Der Vorgang der Stresslösung (ca. 90 Minuten)

<u>Montag, 20.00 Uhr:</u> Die ganze Gruppe trifft sich wieder im TM-Lehrinstitut. Alle haben jetzt bereits 2 Tage jeweils morgens und abends 20 Minuten selbstständig zu Hause meditiert. Das Thema des heutigen Abends sind grundlegende Bewusstseinsprozesse und Erfahrungen, die während der TM auftreten. Dabei geht es nicht darum, intime Dinge auszuplaudern. Vielmehr sollen zwei wesentliche Vorgänge während dieser Meditation erklärt werden: die Erweiterung des Bewusstseins und die Lösung von Verspannungen, das heißt, das Verarbeiten von „unverdauten" Erfahrungen, die unseren Geist

und Körper blockieren. Diese natürlichen Prozesse scheinen von großer Bedeutung auch für die wissenschaftlich bestätigte Wirksamkeit der TM zu sein.

Schritt 7: Ausblick auf das Ziel: Die volle Entwicklung des persönlichen Lebens (ca. 90 Minuten)

<u>Dienstag, 20.00 Uhr:</u> Das Thema für dieses gemeinsame Seminar ist die Entwicklung höherer Bewusstseinszustände. Wir besprechen diesmal nicht nur unser subjektives Erleben der Meditation selbst, sondern stellen fest, dass so gut wie alle Kursteilnehmer Auswirkungen dieser geistigen Übung im Alltag spüren. Und das schon nach vier Tagen TM! Die Veränderungen sind zum Teil subtil, aber dennoch für alle fassbar. Ein Video-Vortrag von Maharishi Mahesh Yogi ergänzt diese Ausführungen. Er veranschaulicht in seinem einfach verständlichen Englisch (mit deutscher Übersetzung), wie aus den anfänglich zarten Veränderungen im Alltag immer konkretere Erfahrungen höherer Bewusstseinszustände wachsen. Seine Ausführungen über das Kosmische Bewusstsein klingen sehr interessant. Zuvor waren wir in den Genuss einer weiteren Gemeinschaftsmeditation gekommen.

Eine Woche später: ein weiteres Treffen mit dem TM-Lehrer

Unsere Gruppe ist wieder vollzählig versammelt. Wir freuen uns schon, einander wiederzusehen und haben teilweise auch schon persönliche Kontakte geknüpft. Alle erzählen vor der gemeinsamen Meditation von ihren Erfahrungen mit TM in den letzten Tagen Ich bin überrascht, wie gut jeder diese geistige Technik in den Alltag integrieren

TM-Seminare finden in lebendiger Gruppenatmosphäre statt

konnte und wie deutlich doch die Auswirkungen bei den meisten sind. Außerdem empfinde ich es als sehr wertvoll, die Erfahrungen der anderen zu hören. Ich habe das Gefühl, davon zu lernen und eine Bestätigung meiner eigenen Wahrnehmungen zu bekommen. Unsere TM-Lehrer verweisen noch einmal auf die Natürlichkeit der TM: Sie funktioniert am besten, wenn wir die sanfte, aber mächtige Kraft der Evolution ganz spontan in uns wirken lassen.

● Wie geht es weiter?
Treffen und weiterführende Seminare für Meditierende

Wenn Sie diese sieben für jeden Meditationsanfänger verbindlichen Seminare besucht haben, haben Sie im Rahmen Ihres TM-Grundkurses noch ein Anrecht auf 5 weitere Lektionen zu jeweils zwei Stunden und einen abschließenden Wochenend-Intensivkurs. Hier lernen Sie einfache Yoga- und Atemübungen, die die Wirkungen der TM fördern. Bei den Aufbauseminaren wird auf der Basis der persönlichen Meditationserfahrungen weiteres Wissen über gesundheitsgerechtes Verhalten im Sinne von Maharishis Vedischem Gesundheitsprogramm vermittelt, einer modernen wissenschaftlichen Neufassung des ältesten bestehenden, auf dem Veda begründeten Naturheilsystems.

Wer sich gerne in einer Gruppe von Meditierenden trifft, sich mit anderen austauscht, sein Wissen über TM und andere vedische Wissenszweige vertiefen möchte und in weiterem Kontakt mit einem TM-Lehrer bleiben möchte, dem bieten sich in der Regel kostenlose wöchentliche Abende in einem TM-Lehrinstitut an. Viele Meditierende schätzen dabei vor allem auch die Tiefe und Intensität der Meditation in der Gruppe. Das bereichert und festigt die eigene Meditationspraxis.

● Checking: die Hilfe des TM Lehrers bei Unsicherheit oder Unregelmäßigkeit

Manchmal kommt es vor, dass sich bei Meditierenden kleine Unsicherheiten, Fehler in der Praxis oder Unregelmäßigkeit einschleichen. Frau Susanne M. erzählt:

„Im Urlaub kam ich völlig aus dem Rhythmus. Ich schlief länger und hatte nicht meinen gewohnten Tagesablauf. Zu allem Überdruss las ich auch noch ein Buch, in dem verschiedene Meditationsformen beschrieben waren, die allesamt eines gemeinsam hatten: man musste sich auf etwas konzentrieren. Ich meditierte nicht morgens und abends wie zu Hause, und wenn ich es tat, begann ich mich zu konzentrieren. Ich bekam Kopfschmerzen und fühlte mich gereizt. Nach einigen Tagen hörte ich ganz auf, weil ich keinen Vorteil mehr sah.

Auch zu Hause konnte ich meinen früheren Rhythmus nicht wiederfinden. Glücklicherweise traf ich zufällig meinen TM-Lehrer auf der Straße. Ich wollte ihm zuerst ausweichen, weil ich ihm gegenüber nicht zugeben wollte, dass ich meine Meditation vernachlässigt hatte. Aber irgendwie kamen wir dann doch darauf zu sprechen. Er bot mir eine Meditationsberatung an, ein sogenanntes „Checking" (englisch für „Überprüfung").

Dieses erste Checking half mir sehr, wieder die ursprüngliche Leichtigkeit und Regelmäßigkeit in der Meditation zu finden."

Solche persönlichen Meditationsberatungen werden in jedem TM-Lehrinstitut angeboten. Für TM-Meditierende ist es lediglich erforderlich, einen Termin zu vereinbaren, um mit einem erfahrenen TM-Lehrer diesen einfachen Vorgang zu absolvieren.

Die Initiative dazu muss jedoch vom Meditierenden selbst ausgehen. Die meisten TM-Lehrinstitute laden zwar in Rundschreiben oder Infoblättern die Meditierenden ein. Es ist jedoch nicht üblich, jemanden, der TM erlernt hat, telefonisch oder persönlich zu kontaktieren. Jeder, der TM erlernt hat, hat die völlige Freiheit, sich selbst für das Angebot der TM-Lehrinstitute zu entscheiden.

Die Ausbildung von Lehrern für Transzendentale Meditation

„Welche Ausbildung haben Lehrer für Transzendentale Meditation?" ist eine bei Vorträgen oder Informationsveranstaltungen oft gestellte Frage. Wer würde sich auch in einer so subtilen und persönlichen Sache einer ungeschulten Person anvertrauen?

Wer sich zum TM-Lehrer ausbilden lassen möchte, muss einiges an Voraussetzungen mitbringen. Er muss eine stabile Persönlichkeit sein, sollte das TM- und TM-Sidhi-Programm regelmäßig ausüben und muss einen Kurs in der Wissenschaft der Kreativen Intelligenz besucht haben. Dieser Grundlagenkurs wurde von Maharishi in den frühen 70er Jahren verfasst, um das uralte Vedische Wissen in eine moderne wissenschaftliche Sprache zu bringen.

Der eigentliche Ausbildungskurs zum TM-Lehrer wird zur Zeit von der Maharishi Vedic University, Holland, veranstaltet und besteht in der Regel aus drei Teilen. Im ersten Teil, einem dreimonatigen Intensivkurs, erhält der Student einen tiefen Einblick in alle Zweige von Maharishis Vedischer Wissenschaft, die wissenschaftliche Erforschung der TM und in die Aktivitäten der TM-Lehrinstitute. Der theoretische Teil der Ausbildung wird durch vertiefte Meditationen, das heißt die Erforschung des eigenen Bewusstseins, ergänzt.

Der zweite Abschnitt besteht aus einer mindestens sechsmonatigen praktischen Tätigkeit in einem TM-Lehrinstitut. Nach dieser Berufserfahrung folgt der dritte Teil wieder als dreimonatiger Intensivkurs in einem Schulungszentrum der Maharishi Vedic University. In dieser abschließenden Phase lernt der angehende TM-Lehrer alles, was mit dem Grundkurs zum Erlernen der TM zusammenhängt.

Diese intensive Ausbildung ist für jeden Absolventen ein großer Schritt in seiner Pesönlichkeitsentwicklung. Tiefste Erfahrung von ruhevoller Wachheit und höheren Bewusstseinszuständen, ein einfaches, reines Leben und müheloses Erlernen höchster Lebensweisheit kennzeichnen diese einzigartige Berufsausbildung.

● Wer kann TM nicht erlernen?

In allen Veröffentlichungen und Broschüren über TM wird immer festgestellt, dass jeder Mensch, der denken kann, auch meditieren kann. Aber *soll* auch jeder Mensch meditieren? Gibt es Personen, für die die Ausübung der TM ungünstig sein könnte?

Im Prinzip nicht. Jeder kann von der Erfahrung der Ausdehnung des bewussten Geistes nur profitieren. Dennoch werden TM-Lehrer, bevor sie jemanden in TM unterrichten, Fragen über die geistige und körperliche Gesundheit der oder des Lernwilligen stellen. Und das aus gutem Grund.

Bei Interessenten, die an einer akuten psychischen Krankheit leiden oder eine entsprechende „Vorgeschichte" haben, wird der TM-Lehrer sehr vorsichtig sein, den Bewerber eventuell sogar ablehnen oder ihn nur in Absprache mit dem behandelnden Arzt oder Psychologen unterrichten. Obwohl bei statistischen Untersuchungen festgestellt wurde, dass bei TM-Meditierenden psychotische Erkrankungen seltener auftreten als bei der Durchschnittsbevölkerung, raten wir Patienten, die an solchen Krankheiten leiden, TM nur in Absprache mit dem Arzt zu erlernen. Die Begründung dafür ist vor allem, dass die Betreuung solcher Menschen besonders aufwendig ist. Diese Vorsichtsmaßnahme gilt nicht für Menschen mit depressiven Erkrankungen. Gerade in diesem Bereich gibt es sehr gute Erfahrungen mit Transzendentaler Meditation.

Bitte füllen Sie deshalb den Fragebogen, den Sie zu Beginn Ihres TM-Grundkurses erhalten, vollständig und wahrheitsgemäß aus. Je offener Sie sind, desto besser und direkter kann der TM-Lehrer auf Ihre individuelle Situation eingehen.

KAPITEL 12

Fragen und Antworten

Sie finden hier häufig gestellte Fragen über Transzendentale Meditation. Die Antworten wiederholen zum Teil Informationen aus den Kapiteln 1-11. Dieses Kapitel ist daher auch als Zusammenfassung der wichtigsten Informationen des Buches gedacht oder als Kurzinformation für den
eiligen Leser.

● Was passiert während der Transzendentalen Meditation?

Während TM erfährt der Geist zunehmend feinere Ebenen des Denkens, bis
die feinste Ebene überschritten, d.h. *transzendiert* wird. Der Meditierende
erlebt dabei einen einzigartigen Zustand ruhevoller Wachheit, einen vierten
Hauptbewusstseinszustand, der genau so natürlich wie Wachen, Träumen
und Schlafen ist. Gleichzeitig erfährt der Körper einen sehr tiefen Zustand
der Ruhe und Entspannung, wodurch eine tiefgreifende Regeneration von
Körper und Geist eingeleitet wird. So können nicht nur alltägliche
Stresserfahrungen ausgeglichen, sondern auch langjährig unverarbeitete
Spannungen und psychische Belastungen aufgearbeitet werden. Der Geist
erfährt während der Meditation die einfachste Form von Bewusstsein – reines Bewusstsein, das eigene Selbst. Das gesamte psychophysiologische System tankt Energie, Kreativität und Wohlbefinden. Die regelmäßige Ausübung
der Transzendentalen Meditation (zweimal täglich ca. 15-20 Minuten) ist
daher die beste Vorbereitung für erfolgreiche und dynamische Aktivität.

Ich spiele Tennis und treibe Sport, um mich abzureagieren und um Kraft zu sammeln. Ist das nicht genug?

Ganz gleich, welchen Sport Sie ausüben – ob Tennis, Golf, Radfahren, Joggen, Kraftsport, Wandern oder Schwimmen – solange sie ihn vernünftig betreiben, tun sie etwas Gutes für Ihre Gesundheit und Ihr Wohlbefinden. Sie brechen aus der Alltagsroutine aus und „reagieren sich ab".

Aber im Gegensatz zu TM ist jeder Sport mit Aktivität verbunden und kann daher Geist und Körper nicht diese unvergleichlich tiefe ruhevolle Wachheit anbieten, die wir während TM erfahren. Die Erfahrung innerer Unbegrenztheit, verbunden mit Stille und Klarheit, führt zu erholsamer Regeneration und Lösung von tiefverwurzelten Spannungen und Belastungen. Weder die Erfahrung während TM noch die Auswirkung der TM lassen sich mit den Resultaten von Sportübungen vergleichen. Aber zahlreiche Spitzensportler benützen TM als Tiefenentspannungsmethode, um sich körperlich und mental optimal auf den Wettkampf vorzubereiten.

Erfahrung der Ganzheit

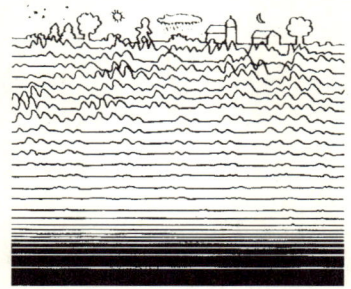

TM koordiniert psychische und physische Bereiche
Durch die Auflösung von Stress wird im Bewusstsein ein Entspannungsprozess ausgelöst, der zu einem „Zustand der geringsten Anregung des Bewusstseins" führt, wie er in der Quantenphysik bei Energie und Materie bekannt ist: Ein Bereich größter Ordnung, vollkommener Wechselbeziehung von Materie und Psyche und Ausgangsbasis aller psychisch-physischen Veränderungen. Im subjektiven Bereich wird dieser Zustand als Unbegrenztheit und Ganzheit erfahren.

Ist TM wie Hypnose? Was ist der Unterschied zwischen Transzendentaler Meditation und anderen Meditationstechniken?

Maharishis Transzendentale Meditation ist einzigartig. Sie unterscheidet sich grundlegend von allen anderen bekannten Entspannungs- oder Meditationsmethoden. Hypnose braucht Suggestion oder Fremdbeeinflussung – beides manipulierende Einwirkungen auf unser Bewusstsein, die wir nicht wollen, wenn wir uns selbstbezogen entwickeln möchten. Andere Formen von Meditation verlangen entweder Konzentration oder Kontemplation und sind deswegen oft schwer zu erlernen oder auszuüben. TM dagegen ist natürlich, benötigt weder Konzentration noch Kontemplation und ist bereits von Kindern ab dem 4. Lebensjahr leicht zu erlernen.

Ein Freund zum Beispiel, der selbst die Zen-Meditation praktiziert (unregelmäßig, wie er sagt, weil im Alltag zu anstrengend), war erstaunt, als er im Gespräch mithörte, dass jemand bei einer TM-Gruppenmeditation eingeschlafen war und etwas „lauter atmete". „Wird das toleriert? Ist das erlaubt?", fragte er verwundert.

Ja durchaus, denn bei der Transzendentalen Meditation lassen wir alles geschehen, was auf natürliche Weise auftritt. Je natürlicher wir sind, um so effektiver ist die Meditation. Also wehren wir uns in der TM auch nicht gegen Müdigkeit.

Wissenschaftliche Studien einschließlich einer sogenannten Metaanalyse, die die Ergebnisse von 146 verschiedenen Forschungsarbeiten zu einem zusammenfassenden Ergebnis verarbeitet hat, zeigen auf, dass TM weit effektiver als andere Meditationsmethoden ist.

Was ist der Unterschied zwischen TM und Yoga?

Transzendentale Meditation *ist* Yoga. Im klassischen vedischen Text des Yoga, den „Yoga Sutras" des Maharishi Patanjali, wird Yoga als „Aufhören (= Transzendieren) der Impulse des Geistes" definiert. Genau das passiert während TM, wenn der Geist die feinsten Ebenen des Denkens überschreitet und in den Bereich ruhevoller Wachheit (in der Yogaliteratur als Samadhi bezeichnet) eintaucht.

Der Unterschied zu gängigen im Westen bekannten Yogapraktiken ist der, dass bei TM keine Anstrengung erforderlich ist. Laut Maharishi Mahesh Yogi ist die konzentrative geistige und körperliche Anstrengung, die seit Jahrhunderten von Yogalehrern in West und Ost praktiziert und gelehrt wird, eine sehr bedauerliche, aber glatte Fehlinterpretation der vedischen Texte.

Dadurch werden viele ernsthafte Sucher von der eigentlichen Realität des Lebens, der völligen inneren Freiheit und Unbegrenztheit, wie sie in der Meditation erfahren werden, abgehalten.

Auch in Zusammenhang mit TM werden leichte körperliche Yoga-übungen angeboten, die Sie nach dem TM-Grundkurs bei Ihrem TM-Lehrer erlernen können. Sie werden überrascht sein, wieviel Spaß natürliches Yoga machen kann!

● Kann ich TM auch aus einem Buch erlernen oder mit einer entspannenden Kassette meditieren?

Nein. Jeder Mensch ist einzigartig und unterscheidet sich in seinen geistig-körperlichen Eigenschaften und auch in der Geschwindigkeit, mit der er lernt, von anderen. Deswegen wird TM ausschließlich persönlich und mündlich von autorisierten Lehrern für Transzendentale Meditation unterrichtet. Wenn man versucht, aus einem Buch zu üben oder Kassetten zu hören, sind immer irgendwelche Sinnesaktivitäten notwendig, die das Transzen-dieren verhindern. Außerdem kann nur ein persönlicher Lehrer garantie-ren, dass Fragen auch zum richtigen Zeitpunkt richtig beantwortet werden.

Auch ein Musikinstrument in all seinen Feinheiten zu beherrschen bedarf der Anleitung durch einen Lehrer. Da wir mit TM die subtilsten Ebe-nen unserer Existenz erfahren, ist diese persönliche und einfühlsame An-leitung umso wichtiger.

● Ich kann mich schwer konzentrieren, meine Gedanken schweifen ständig ab, ich kann nicht abschalten. Bin ich da überhaupt fähig zu meditieren?

Die meisten Menschen, die sich für Transzendentale Meditation interessie-ren, haben eine brennende Frage: „Kann ich das auch?" Für die meisten von uns ist es unvorstellbar, den Geist zur Ruhe zu führen, ohne dabei Anstrengung oder Konzentration einzusetzen. Auch die übliche Literatur über Yoga und Meditation betont seit Jahrhunderten, wie wichtig es ist, sich zu konzentrieren und äußeren Ablenkungen zu widerstehen.

All diese überkommenen Vorstellungen gelten nicht für die Transzendentale Meditation. Bei TM folgt der Geist seinem eigenen inneren Bedürfnis nach mehr Freude und Vollkommenheit. Dazu müssen wir nichts tun, sondern nur geschehen lassen, und das kann *Jeder.* TM ist absolut leicht zu erlernen und auszuüben. Jeder Versuch mit Anstrengung, Konzentration, Verdrängen von Gedanken verhindert nur einen vollen Erfolg dieser Meditation. Ihr TM-Lehrer ist dazu ausgebildet, Sie auf dem Weg zur mühelosen Meditation kompetent und professionell zu begleiten.

● Wie komme ich wieder aus der Meditation?

Diese Frage wird genauso oft gestellt wie die Frage, ob es schwierig ist, in die Meditation hineinzukommen.

Während TM erfahren wir einen Zustand ruhevoller Wachheit. Wir ruhen in uns selbst, sind aber voll wach und nehmen zeitweise auch äußere Reize wahr. Wir können uns deshalb auch jederzeit dazu entscheiden, aus der Meditation herauszukommen.

Um die festgelegte Meditationszeit nicht zu überschreiten, benutzen wir eine Uhr. Viele Menschen bemerken allerdings, dass sie bereits nach wenigen Tagen intuitiv die vorgegebene Meditationszeit von 15-20 Minuten einhalten.

● Werde ich durch TM so entspannt, dass ich nicht mehr für Aktivität motiviert bin?

Das Gegenteil ist zu erwarten! Durch TM beseitigen wir Stress und Verspannungen, beides Hindernisse für Leistungsfähigkeit und Erfolg. Gleichzeitig fördern wir Kreativität und Intelligenz. Der Begründer der modernen Stressforschung, Prof. Dr. Hans Selye, der übrigens oft und gerne bei Symposien über Maharishis „Wissenschaft der Kreativen Intelligenz" als Referent auftrat, teilte Stress in „Distress" und „Eustress" ein. Mit Distress ist jene Art von Spannung gemeint, die unser Nervensystem blockiert, mit Eustress eine kreative Herausforderung. Mit TM bauen wir Distress ab und sammeln Energie und Kreativität, die wir außerhalb der Meditation als

Eustress, also als vernünftige Leistungsfähigkeit ausspielen können.

TM ist, wie einen Pfeil auf dem Bogen zurückzuziehen. Einige Zentimeter zurückziehen lässt ihn viele Meter fliegen. Nach 20 Minuten TM sind Geist und Körper erfrischt, alles geht leichter von der Hand. Das hat zu dem populären Spruch: „Tue weniger und erreiche mehr!" geführt – mehr Erfolg, größere Zufriedenheit mit weniger Aufwand.

● Verliere ich den Bezug zur Realität, wenn ich meditiere?

Während TM ziehen wir uns auf die grundlegende Ebene des Lebens zurück. Dieser Bereich reinen Bewusstseins wird von anerkannten Wissenschaftlern unserer Zeit mit dem vereinheitlichten Feld aller Naturgesetze oder dem Quantenfeldgrundzustand, wie es die Physiker ausdrücken, gleichgesetzt. Durch TM entfernen wir uns also nicht von der Realität des Lebens, sondern lernen erst richtig, sie in uns und um uns wahrzunehmen. Die Ebene der Stille, unser eigenes Selbst, ist die höchste Ebene der Realität und gleichzeitig der Bereich allen Wissens.

Wer regelmäßig meditiert, kommt mehr und mehr in Einklang mit den Naturgesetzen, die ihn und seine ganze Umgebung steuern. Durch diese Feinabstimmung lernt er nicht nur sich selbst besser kennen, sondern übt gleichzeitig, auch mehr im Einklang mit den Gesetzen der Natur zu handeln. Dies wirkt sich positiv auf alle Ebenen unseres Lebens aus: Mehr Geschicklichkeit im Beruf, mehr Herzlichkeit in der Familie, mehr Harmonie mit unserer Umwelt sind Resultate eines vertieften Bezugs zur grundlegenden Realität des Lebens.

● Muss ich einer Organisation beitreten, wenn ich TM erlerne?

Nein. Jeder, der Maharishis Transzendentale Meditation erlernt, praktiziert sie für sich selbst, unabhängig von einer Organisation. Die TM-Lehrer und Lehrinstitute bieten jedoch Einzelberatungen („Checking") und/oder Folgetreffen für interessierte TM-Meditierende an. Wenn Sie bezüglich Ihrer Meditation unsicher sind, scheuen Sie sich nicht, davon Gebrauch zu machen.

Ich habe über „Yogisches Fliegen" gehört. Was hat das mit TM zu tun?

Es gibt verschiedene Fortgeschrittenen-Programme zur TM-Technik, eines davon ist das „TM-Sidhi-Programm", zu dem auch das „Yogische Fliegen" gehört.

Die TM Technik ermöglicht uns, Stille, reines Transzendentales Bewusstsein zu erleben. Beim *TM-Sidhi-Programm*, das auf der TM aufbaut und einige Monate regelmäßige Ausübung der TM voraussetzt, übt der Meditierende, von der Ebene des Transzendentalen Bewusstseins aus zu denken und zu handeln. Dabei verbessert sich deutlich die Koordination zwischen Geist und Körper. So entwickelt man die Fähigkeit, grundlegende Naturgesetze zu beleben, um alle Lebensbereiche zu unterstützen und Wünsche leichter zu erfüllen.

Yogisches Fliegen vermittelt intensive innere Glückserfahrungen und schafft gleichzeitig Harmonie, Kohärenz und Positivität für die Umgebung.

Das *Yogische Fliegen* ist Ausdruck von perfekter Geist-Körper-Koordination. Bei EEG-Untersuchungen wird es mit höchster Kohärenz der Gehirnwellen verbunden, die wiederum ein Ausdruck maximaler Ordnung und Integration der Gehirnfunktion sind. Diese Kohärenz ist ein Indikator für Aktivität aus dem Transzendentalen Bewusstsein heraus, dem vereinheitlichten Feld aller Naturgesetze, in dem die unendliche Organisationskraft der Natur lebendig ist.

Auch wenn die meisten Menschen, die das Yogische Fliegen ausüben, derzeit erst das erste Stadium des Fliegens erleben, bei dem der Körper in einer Serie kurzer „Hüpfer" abhebt, schenkt diese Übung dem Meditierenden die Erfahrung intensiver innerer Glückserfahrungen und schafft Harmonie, Kohärenz und Positivität für die Umgebung.

Komme ich durch die Ausübung der TM in Konflikt mit meiner Religion?

Nein, TM fördert das religiöse Empfinden. Millionen Gläubige aller Religionen und Glaubensrichtungen und viele ihrer Geistlichen üben TM aus. Die Transzendentale Meditation ist glaubensneutral und ein mechanischer Vorgang, um die einfachste Form unseres Bewusstseins, reines Bewusstsein zu beleben. Vorstellungen, religiöse oder philosophische Inhalte, Glaube und Vorsätze sind nicht Teil dieser Meditation. TM entspannt, regeneriert und klärt das Bewusstsein. Dadurch eröffnet sie dem Meditierenden auf natürliche Weise die Hinwendung an höhere und spirituelle Werte im Leben.

Muss ich immer zur gleichen Zeit und/oder am gleichen Ort meditieren?

Nein. Mit TM sind Sie sehr flexibel. Sie können im Prinzip jederzeit und überall meditieren, sollten aber Ihre zweimal täglich 20 Minuten nicht überschreiten.

Während des TM-Kurses lernen Sie die am besten geeigneten Tageszeiten. Sollten Sie aber durch berufliche Verpflichtungen, Besuche etc. Ihre üblichen Meditationszeiten nicht einhalten können, gibt es einige Ausweichmöglichkeiten.

Der Ort, an dem Sie meditieren, sollte Ihnen angenehm sein. Machen Sie es sich gemütlich! Sie können aber genauso gut in einem Bus, Zug oder U-Bahn, auf dem Weg zur Arbeit oder in einem Flugzeug meditieren.

Ist TM schwer zu erlernen? Wie lange dauert es, bis ich richtig meditieren kann?

Es ist sehr leicht, TM zu erlernen. Die meisten TM Kursteilnehmer meditieren schon bei ihrer ersten Meditation richtig. Dennoch ist es sehr wichtig, alle Seminare des TM-Grundkurses in der empfohlenen Zeit zu absolvieren und auch an dem sechsmonatigen Folgeprogramm teilzunehmen, um den Wert der gemachten Erfahrungen zu verstehen und sich auch mehr theoretisches Wissen über TM anzueignen. Wissen und Erfahrung ergänzen einander und sind für den vollen Erfolg Ihrer Meditation unverzichtbar.

● Wie lange dauert es, bis ich Auswirkungen von TM spüre?

Das ist individuell unterschiedlich. Normalerweise spüren die Teilnehmer an TM-Grundkursen schon innerhalb der ersten drei Tage Ruhe, Entspannung, Wohlbefinden, eine positive Resonanz aus ihrer Umwelt oder sie erfahren oft schon Momente von Transzendenz und innerer Stille. Welche Auswirkungen aber wann auftreten, lässt sich nicht direkt vorhersagen. Jeder, der TM regelmäßig ausübt, kann positive Resultate in den verschiedensten Lebensbereichen beobachten. Wichtig ist jedoch Regelmäßigkeit: Die wissenschaftlichen Studien über die TM und die Erfahrung der TM-Lehrer bei über 6 Millionen Kursteilnehmern weltweit haben gezeigt, dass ein Rhythmus von zweimal täglich 15-20 Minuten TM ideal ist, um optimale Resultate zu erzielen.

● Was ist der Unterschied zwischen TM und einfachem Ausruhen oder meinem Mittagsschläfchen?

Erholungsphasen während des Tages sind grundsätzlich günstig. Aber man kann sowohl subjektiv als auch objektiv einen großen Unterschied zwischen der Transzendentalen Meditation und anderen Formen der Entspannung feststellen.

Der subjektive Unterschied liegt vor allem im tieferen Erholungswert und in der größeren geistigen Klarheit, die wir während und nach TM erfahren.

Objektiv konnten durch vergleichende Studien ebenfalls erhebliche Abweichungen herausgearbeitet werden. Bei direkten Vergleichsstudien konnte man z.B. zeigen, dass bei TM der elektrische Hautwiderstand (gemessen mit einem sogenannten Lügendetektor) als Zeichen der emotionalen Stabilität um ein Vielfaches im Vergleich zum Ausruhen mit geschlossenen Augen oder einem Nickerchen anstieg. Bei einer statistischen Meta-analyse von 31 Studien über TM und Ausruhen mit geschlossenen Augen konnte bei den drei gewählten Vergleichswerten Atemfrequenz, Milchsäuregehalt im Blutplasma und Hautwiderstand deutlich größere und günstigere Veränderungen bei TM festgestellt werden.

● Wie aussagekräftig ist die wissenschaftliche Forschung über TM?

Bis heute wurden über 600 Studien von mehr als 300 Wissenschaftlern aus unabhängigen Forschungszentren und Universitäten in 33 Ländern zu den Wirkungen der Transzendentalen Meditation veröffentlicht. Viele dieser Studien sind in den bekanntesten Fachzeitschriften erschienen, die nur Artikel annehmen, welche von Experten vorgeprüft sind. Dabei kamen auch die strengsten wissenschaftlichen Testverfahren wie z.B. kontrollierte randomisierte Studiendesigns, komplizierte statistische Berechnungen sowie Metaanalysen und technologisch hochwertige Laborausstattungen zum Einsatz.

Ein Großteil dieser Studien wurde in dem sechsbändigen Werk *„Scientific Research on the Transcendental Meditation Program"* * (über 5000 Seiten) gesammelt aufgelegt.

Die vorteilhaften Wirkungen von Maharishis Transzendentaler Meditation sind in den Bereichen Physiologie, Psychologie, Soziologie und Ökologie mit allen Mitteln der modernen Wissenschaft zweifelsfrei bestätigt.

TM ist somit wesentlich sicherer als viele Medikamente, die neu für den Markt zugelassen werden. Es gibt keine andere Methode der Persönlichkeitsentwicklung, die derart rigoros getestet wurde oder in den oben genannten Bereichen annähernd so gute Ergebnisse zeigte wie Transzendentale Meditation.

---

* siehe Anhang: Empfohlene Bücher

Ich leide an zu niedrigem Blutdruck. Wenn TM bei Bluthochdruck angewendet wird, kann ich dann TM überhaupt gefahrlos ausüben?

Das Erstaunliche an der TM ist, dass sie bei offensichtlich völlig entgegengesetzten Beschwerden empfohlen wird. So z.B. bei Bluthochdruck und zu niedrigem Blutdruck, bei Über- und Untergewicht, bei Schlaflosigkeit und chronischer Müdigkeit mit zu viel Schlaf. Unserem konventionellen Denken, das von einer Medizin geprägt ist, die mit Medikamenten gegen bestimmte Krankheitssymptome ankämpft und bei Überdosierung das Gegenteil bewirkt, erscheint das suspekt.

Die Transzendentale Meditation wirkt jedoch nach einem völlig anderen Prinzip. Bei TM kämpfen wir nicht gegen irgendwelche Beschwerden an. Wir bringen uns durch die Heilkräfte unseres inneren Arztes zurück ins Gleichgewicht – und das ist gleichbedeutend mit Gesundheit. So können durch regelmäßige TM auch lang anhaltende Beschwerden langsam aber sicher ausgeglichen werden.

Jede Krankheit entsteht letztlich durch ein Verhalten, das der inneren Natur des Menschen widerspricht. Durch die Erfahrung tiefer innerer Stille wird nicht nur die notwendige Ausgewogenheit geschaffen, in der verschiedenste Zustände von Ungleichgewicht und Krankheit aufgelöst werden können, sondern auch der Grundstein dafür gelegt, dass sich das Verhalten des Meditierenden mehr und mehr spontan an den Naturgesetzen orientiert. Deswegen ist es gleichgültig, in welche Richtung eine Abweichung von Gesundheit und Wohlbefinden geht, ob Bluthoch- oder Niederdruck, Über- oder Untergewicht etc., TM wirkt in jedem Fall ausgleichend.

Ist TM ein „Allheilmittel"?

Ja und Nein. Wenn man TM dazu benutzen möchte, um vom Alltag und seinen Problemen zu fliehen, dann ist man bei TM sicher nicht richtig.

Wenn man aber eine Methode sucht, durch die man die Widerstandskraft gegenüber Stress oder anderen negativen Lebenserfahrungen stärken und zunehmend mehr die Unterstützung der Natur gewinnen kann, dann ist TM die richtige Methode.

Bei der Transzendentalen Meditation erfahren wir Stille und damit die grundlegende Schöpfungsebene, die mit allem im Universum verbunden ist. Durch Aufmerksamkeit auf diesen Bereich kann Energie in *alle* Lebensbereiche einfließen und dadurch zur Problemlösung beitragen.

Durch die Wiederentdeckung verschiedener Zweige der uralten vedischen Wissenschaften wie Maharishi Ayur-Veda, Maharishi Jyotish und Yagya, Maharishi Sthapatya Veda u.v.a. mehr bietet Maharishi über seine weltweit vorhandenen Erziehungsinstitutionen zusätzliche, bisher ungenutzte ganzheitliche Methoden zur Problembewältigung in verschiedenen Lebensbereichen an.

Durch TM können wir mehr Kraft und Unterstützung zur Bewältigung von Problemen erwarten, aber lösen müssen wir sie selbst.

Warum wird Maharishi Mahesh Yogi, der Begründer der Transzendentalen Meditation, mit „Seine Heiligkeit" betitelt?

Aus Indien stammt die Tradition, Menschen, die sich ausschließlich mit der Entwicklung oder Lehre geistig-spirituellen Wissens beschäftigen, sehr hoch zu schätzen und auch entsprechend zu betiteln. Man geht von der Annahme aus, dass Stille, reines Bewusstsein „heil und ganz" ist (englisch „holy" bzw. „whole"), von wo auch der Wortstamm für „Heiligkeit" kommt.

Maharishi Mahesh Yogi (der von seinen Mitarbeitern und Schülern mit „Maharishi" angesprochen wird) ist zweifellos der größte, weltweit anerkannte lebende Experte für Bewusstseinsentwicklung, Erforschung von höheren Bewusstseinszuständen und Vedische Wissenschaft. Auch aus diesem (westlichen) Blickwinkel steht ihm ein anerkennender Titel zu.

Ich habe Bekannte, die die Transzendentale Meditation ausüben, aber keine Vorbilder für mich sind. So wie die möchte ich nicht leben oder werden!

Jeder Mensch beginnt TM auf einer bestimmten Entwicklungsstufe, muss bestimmte Dinge aufarbeiten und hat die Chance, sein eigenes Leben durch

TM zu verbessern, seine eigenen Talente und Möglichkeiten zu entwickeln. Er befindet sich also irgendwo auf dem Weg und kann daher nicht mit eigenen oder anderer Eigenschaften, Verhaltensweisen oder Fähigkeiten verglichen werden, sondern letztlich nur mit sich selbst: von wo er kommt, wie weit er ist und wohin er noch gehen wird.

Wenn TM so leicht funktioniert, warum muss ich dann überhaupt etwas lernen und dafür auch noch bezahlen?

Maharishis Transzendentale Meditation ist eine „Spitzentechnologie" des Bewusstseins. Sie haben vielleicht schon bemerkt, dass viele geniale Entdeckungen oder Anwendungen höchst einfach sind – aber gerade das macht sie universal. Auch wenn TM leicht auszuüben und leicht zu erlernen ist, bedarf es dennoch professioneller Hilfe, sie *richtig* zu erlernen. TM Kurse werden – im Gegensatz zu Kursen in Volkshochschulen, religiösen Bildungszentren, gewerkschaftlichen Einrichtungen etc. – nicht durch öffentliche Gelder, Mitgliedsbeiträge oder Ähnliches finanziert. Die Kosten sind den Erfordernissen der heutigen Zeit und den finanziellen Möglichkeiten der Industrieländer angepasst. Wir glauben auch, dass es im Zeitalter der Information und Kommunikation wichtig ist, Geld nicht nur für vergängliche materielle Werte wie Essen, Kleidung und Reisen auszugeben, sondern auch in unvergängliche Bewusstseins- und Intelligenzwerte zu investieren. Und in diesem Bereich ist TM sicher Ihre beste Investition.

Eigentlich bin ich kerngesund und fühle mich wohl. Ist es trotzdem sinnvoll, TM zu erlernen?

Sie gehören zu den beneidenswerten Menschen, die sicher am meisten von der Transzendentalen Meditation profitieren. Sie brauchen TM nicht so sehr, um mit Problemen besser umgehen zu können (das beherrschen Sie schon), sondern können in vollen Zügen die Entwicklung ungeahnter neuer Möglichkeiten genießen.

Je größer die Verantwortung ist, um so schneller wachsen durch TM Einflussbereich und Erfolg. Die Entwicklung „höherer Bewusstseinszustände", der Weg zu Erleuchtung und Vollkommenheit, wird alles bisher Erlebte in den Schatten stellen.

● Muss ich an die Wirkungen glauben?

Häufig kommt der vorsichtige Einwand, dass man wohl an die Wirkungen der TM glauben müsse, um Erfolg damit zu haben. Auch das ist nicht richtig! Die TM ist eine wissenschaftlich fundierte geistige Technologie, die gesetzmäßig ihre Wirkung entfaltet, ganz unabhängig davon ob wir daran glauben oder nicht.

● Ziehe ich mich durch Meditation nicht allmählich aus dem Leben zurück?

Es gibt Meditationsübungen und Lehren, die ein zurückgezogenes Leben abseits von den Verpflichtungen des täglichen Lebens verlangen. Das ist bei der Transzendentalen Meditation nicht der Fall. Die TM ist eine Methode für den aktiven Menschen in Familie, Beruf und Gesellschaft, der sich regenerieren, Energie auftanken, seine angelegten Möglichkeiten entfalten und spirituell verwirklichen möchte. Wer TM ausübt, zieht sich zwar zweimal täglich für eine sinnvolle Zeit in sich selbst zurück, kommt zu sich und sammelt neue Kräfte, wendet sich dann aber mit neuer Energie und Dynamik seinen individuellen Aufgaben und Aktivitäten zu. TM ist Vorbereitung für erfolgreiches Handeln.

● Können auch Kleinkinder die TM erlernen?

Sehr oft hören wir von meditierenden Eltern, dass ihre Kinder versuchen, alles über ihre Meditation zu erfahren oder diese nachzuahmen. Das gilt im Speziellen auch für Kleinkinder, deren Bindung an die Eltern ja noch besonders eng ist. „Meine vierjährige Tochter wollte unbedingt mitmachen, wenn ich mich zu meiner Meditation hinsetzte", erzählt Johanna, eine alleinstehende Mutter. „Ich war sehr froh darüber, dass mein TM-Lehrer mir das Angebot machte, auch mein Kind zu unterrichten. Zuerst dachte ich gar nicht, dass das überhaupt möglich sei. Aber meine kleine Jana belehrte mich eines Besseren. Ganz mutig ging sie mit mir zur persönlichen Unterweisung und war von Anfang an eifrig bei der Sache. Wenn ich mich morgens oder abends zu meiner Meditation hinsetze, beginnt auch sie mit ihrem „Wort der Weisheit". Ich weiß nicht, wie lange sie das macht, aber meist spielt sie dann, bis ich mit meiner Meditation fertig bin."

Im Alter vom ca. 4. bis zum 10. Lebensjahr können Kinder, deren Eltern meditieren und die den starken Wunsch haben, selbst meditieren zu wollen, eine eigene Kindertechnik erlernen. Diese mühelose Methode, die kindgerecht während des Spielens oder Gehens ein- oder zweimal täglich für einige Minuten daheim oder im Kindergarten praktiziert werden darf, gibt Kindern die Möglichkeit, ihre Eltern bei einer positiven Lebensgewohnheit nachzuahmen und einen Vorgeschmack auf die Erfahrung der Meditation zu bekommen

Besonders wichtig ist es für die Kinder, dass alles in Zusammenhang mit dieser „Kindermeditation" absolut locker und zwanglos gehandhabt wird. Die Kinder sollten also keinem Druck, keiner Pflicht unterworfen werden, sondern nur sooft und solange ihre kleine Stille-Übung machen, wie sie Spaß daran haben (Wir kennen kein Kind, das dabei zur Übertreibung neigen würde).

Was ist davon zu erwarten?

Manche Kinder berichten, dass sie ein Gefühl innerer Freude verspüren, wenn sie ihr „Wort der Weisheit" verwenden und dass sie sich danach irgendwie erfrischt und klarer fühlen. Eltern beobachten häufig einen positiven Entwicklungsschub bei ihren Sprösslingen, nachdem sie diese kinderleichte Übung begonnen haben. Uns erscheint wichtig, dass Kinder die Erfahrung machen, dass Stille und Beschäftigung mit sich selbst angenehme und bereichernde Erfahrungen sind.

Wäre es nicht besser, positives Denken zu üben, um erfolgreich im Leben zu sein?

Eine optimistische und konstruktive Lebenseinstellung fördert, wie jeder aus eigener Erfahrung weiß, nicht nur die Gesundheit, sondern ist ein wichtiger Beitrag für mehr Erfolg im praktischen Leben. Positives Denken als Übung zur Verbesserung von Leistungsfähigkeit und Lebensglück wird deshalb seit vielen Jahren in den westlichen Industriegesellschaften propagiert. Werden mit diesem oft sehr methodischem Vorgehen aber auch langfristig befriedigende Ergebnisse erzielt? Nicht nur moderne Psychologen, sondern auch Maharishi Mahesh Yogi warnen vor möglichen ungünstigen Auswirkungen einer derartigen Praxis. Warum?

Positives Denken sollte nicht mit Verdrängen und Wegsehen vor der Realität verwechselt werden, sondern einer selbstverständlichen und natürlichen Grundhaltung des Menschen entspringen. Sich und anderen also etwas vorzumachen wird früher oder später zu einem Vertrauensverlust führen: sich selbst und anderen gegenüber. Methodisch angewendetes positives Denken beruht aber oft darauf, dass man *versucht,* die Realität des Lebens mit anderen Augen zu sehen. Das heißt, dass man sich bemüht, seinen negativen Gedanken positive entgegenzusetzen – ein auf Dauer nicht nur anstrengendes, sondern auch hoffnungsloses Unterfangen.

Negative Gedanken entstehen aus unbewältigten und nicht verarbeiteten Erfahrungen der Vergangenheit. Sie lassen sich auf Dauer nicht verdrängen! Sie sind eine Sprache der Seele, die nach Gesundung „schreit". Den eigenen Wahrnehmungen also nicht mehr zu trauen, sondern sie ständig intellektuell in eine andere Richtung zu interpretieren – dies kann letztlich dazu führen, dass einen das Leben selbst wieder einholt.

Die positive Lebenshaltung, wie sie sich durch regelmäßige Ausübung der TM entwickelt, steht dazu in direktem Gegensatz. Durch Kontakt mit der Ebene reiner Intelligenz, der Heimstatt aller Naturgesetze, entstehen spontan positive, kreative und lebensfördernde Gedanken – und das ohne Anstrengung. In der tiefen Ruhe der Meditation werden negative Lebenserfahrungen auf natürliche Weise verarbeitet. Seelisch gesunden heißt daher auch gleichzeitig auf ganz natürliche Weise optimistischer zu denken und zu handeln.

● Abschließend vielleicht die wichtigste Frage: Kann wirklich JEDER Transzendentale Meditation erlernen?

Die Antwort ist eindeutig: JA, wirklich jeder kann unabhängig von Alter, Beruf, Bildung, Religion, politischem oder kulturellem Hintergrund TM erlernen. Auch wenn Sie sehr skeptisch sind, TM funktioniert! Der Grund dafür ist die Natürlichkeit der Methode, die genauso wie die Schwerkraft immer wirkt, unabhängig davon, ob Sie daran glauben oder nicht. Lassen Sie einen Ball fallen, und Sie haben die Probe aufs Exempel! Sie sind nicht der oder die Erste, der/die befürchtet, dass es gerade bei Ihnen nicht funktioniert, dass Sie keine 20 Minuten ruhig sitzen können oder dass Sie zu überdreht dafür sind. Keine Sorge, JEDER kann TM erlernen!

Am besten, Sie versuchen es!

ANHANG

Transzendentale Meditation:

Körperliche Beschwerden

Schlafstörungen	TM verkürzt die Einschlafzeit und verbessert die Schlafqualität
Asthma	Erfolgreich bei Asthma bronchiale; verringert den Atemwiderstand in den Bronchien, beruhigt die Atmung, hilft seelische Ursachen zu beseitigen, stärkt das Immunsystem, verringert die Allergieanfälligkeit
Kopfschmerz und Migräne	Baut Ängste, Stress und Muskelverspannungen ab, hilft die seelischen Ursachen für Kopfschmerz und Migräne zu beseitigen
Muskelverspannungen und Rückenbeschwerden	Baut Ängste, Stress und Verspannungen ab, beseitigt körperliche und geistige Müdigkeit, verbessert Selbstbewusstsein und normalisiert das Verhalten, damit auch die Haltung
Hoher Blutdruck und Herz-Kreislauferkrankungen	Erfolgreich bei nicht organischer Hypertonie. Die tiefe Ruhe während der TM entlastet das Herz, baut Stressbelastungen ab, verbessert Herz-Kreislauffunktionen
Infektanfälligkeit	TM verbessert die Immunität und reduziert Infektanfälligkeit
Allergien	TM balanciert das Immunsystem aus, hilft psychische Ursachen zu lösen. Allergische Erkrankungen treten schwächer, seltener oder gar nicht mehr auf
Übergewicht und Cholesterin	Regelmäßige Ausübung der TM normalisiert das Körpergewicht, harmonisiert das Essverhalten, beseitigt Stressfaktoren und senkt ein durch Ernährung und Stress erhöhtes Cholesterin

Anwendungsmöglichkeiten nach bisheriger Erfahrung und wissenschaftlicher Forschung

Verdauungsstörungen	Normalisiert das Essverhalten, verfeinert das Geschmacksempfinden, schenkt Ruhe und Entspannung und hilft Verdauungsstörungen zu heilen
Abhängigkeit von Nikotin, Alkohol und Drogen	Zahlreiche Studien zeigen, dass TM die wirkungsvollste mentale Methode ist, auf natürliche Weise und anhaltend Freiheit von Sucht zu bringen. Sie gibt dem Suchenden innere Befriedigung
Vorzeitiges Altern	TM verjüngt und regeneriert. Das biologische Alter verringert sich, die Selbstreparatur-Mechanismen der Zellen werden aktiviert, es werden vermehrt Hormone gebildet, die der Jugend entsprechen, und Stresshormone reduziert

Psychische Beschwerden

Angst, Stress, Unruhe und Nervosität	TM gilt als wirksamste Entspannungstechnik und erfolgreichste Methode gegen Angst und mentalen Stress. Sie schenkt tiefe Ruhe und Regeneration und führt unmittelbar zu dem Bereich von Frieden und Glück
Konzentrationsstörungen, Gedächtnisschwäche, mangelnde Kreativität	Verbessert die Lernfähigkeit und Konzentration, erhöht die Kreativität und die Intelligenz
Erschöpfungszustände, Burnout-Syndrom	Raschere und vollständige Erholung und Regeneration, Wiedererlangung geistiger und körperlicher Leistungsfähigkeit durch die tiefe Ruhe und Entspannung während der Meditation

Zu den Autoren

Wolfgang Schachinger ist Arzt für Allgemeinmedizin und Leiter des Maharishi Ayur-Veda Gesundheitszentrums Ried im Innkreis/Oberösterreich. Er hat seit 1974 mehr als 2000 Personen in die TM eingeführt.

Ernst Schrott ist Arzt für Naturheilverfahren und Homöopathie und ärztlicher Leiter des Maharishi Ayur-Veda Gesundheitszentrums Regensburg. Er bildet zusammen mit W. Schachinger ein erfolgreiches Autorenteam zum Thema Ayur-Veda und gibt in ganz Europa Ausbildungsseminare für die professionelle Anwendung von TM in Arztpraxen und im Gesundheitswesen.

Bücher der Autoren

* **Ayurveda für jeden Tag,** Die sanfte Heilweise für vollkommene Gesundheit und Wohlbefinden,
  Dr. med. Ernst Schrott, 176 Seiten, Mosaik-Verlag
  ISBN 3-576-10199-3

* **Gesund und jung mit Ayurveda,** Die sanfte Heilweise für vollkommene Gesundheit und inneres Gleichgewicht,
  Dr. med. Ernst Schrott, Mosaik-Verlag
  Taschenbuch, ISBN 3-576-10614-6

* **Die köstliche Küche des Ayurveda,** Essen mit Leib und Seele, über 200 Rezepte,
  Dr. med. Ernst Schrott, Mosaik-Verlag
  160 Seiten, ISBN 3-576-10512-3

* **Die köstliche Küche des Ayurveda,** 250 Rezepte,
  Dr. med. Ernst Schrott, Mosaik-Verlag
  Taschenbuch, ISBN 3-453-12997-0

* **So heilen Sie wirklich,** Die besten Anwendungen der ayurvedischen Medizin bei Kopfschmerzen, Migräne, hohem Blutdruck und Rheuma,
  Dr. med. Ernst Schrott/Dr. med. Wolfgang Schachinger, Orbis Verlag
  ISBN 3-572-01018-7

* **Natürlich schön mit Ayurveda,** mit zahlreichen Rezepten zur Schönheitspflege,
  Dr. med. Ernst Schrott/Cynthia Nina Bolen, Mosaik-Verlag
  160 Seiten, ISBN 3-576-10728-2

* **Ayurveda, Jugend und Gesundheit ein Leben lang,**
  Dr. med. Ernst Schrott, Mosaik-Verlag
  ISBN 3-576-11087-9

* **Weihrauch,**
  Dr. med. Ernst Schrott, Mosaik-Verlag
  96 Seiten, ISBN 3-576-11203-0

Empfohlene Bücher zur Transzendentalen Meditation und zum Maharishi Ayur-Veda

- Aron, Elaine und Arthur
  Der Maharishi Effekt, ISBN 3-453-04959-4
  Auslieferung: SAMHITA-GmbH Verlag, Am Berg 13, 49143 Bissendorf,

- Dr. med. Ulrich Bauhofer
  Aufbruch zur Stille, ISBN 3-7857-0873-4

- Bloomfield, H.H. u. Kory, R
  Das Glückspotential, ISBN 3-88302-009-5

- Gottwald, F.-T. u. Fowald, W.
  Selbsthilfe durch Meditation, ISBN 3-478-03640-2

- Maharishi Mahesh Yogi
  Die Wissenschaft vom Sein und die Kunst des Lebens, ISBN 3-933496-40-3

- Maharishi Mahesh Yogi
  Bhagavad Gita, ISBN 3-933496-41-1

- Dr. Karin Pirc
  Ayurveda Kursbuch für Mutter und Kind, ISBN 3-453-13261-0

- Dr. Tony Nader
  Der menschliche Körper – Ausdruck des Veda und der vedischen Literatur,
  MVU Publisher, Holland

- Russel, Peter
  Der direkte Weg,
  Auslieferung: SAMHITA-GmbH Verlag, Am Berg 13, 49143 Bissendorf,

- Collected Papers Band 1
  Scientific Research on Maharishis Transcendental Meditation and TM-Sidhi Program, ISBN 3-88333-001-9
  Auslieferung: Maharishi Technology Corporation BV, Tussen de Bruggen 10,
  NL-6063 NA Vlodrop, Niederlande

- Collected Papers Band 2, ISBN 90-71750-03-5

- Collected Papers Band 3, ISBN 90-71750-04-3

- Collected Papers Band 4, ISBN 90-71750-05-1

- Collected Papers Band 5, ISBN 0-923569-07-3

DEUTSCHLAND

Sie möchten mehr über Transzendentale Meditation (TM) und Maharishis Vedische Wissenschaften erfahren? In Deutschland gibt es eine Vielzahl von fachgerecht ausgebildeten TM-Lehrerinnen und TM-Lehrern, die in verschiedenen Städten eigene TM-Lehrinstitute betreiben. Dort werden regelmäßig Kurse für TM angeboten.

Die Telefonnummer eines Lehrers für TM bzw. eines Lehrinstitutes finden Sie im Telefonbuch oder über die Telefonauskunft.

Bitte fragen Sie nach dem Stichwort Transzendentale Meditation oder schauen Sie ins Internet: transzendentale-meditation.de

Unabhängig davon erhalten Sie hier eine Übersicht der aktiven TM-Lehrinstitute und TM-Lehrer in Deutschland (Stand Juli '99):

PLZ	ORT	TELEFON	FAX
06114	Halle	0345-5230431	
08269	Hammerbrücke/Vogtl.	037465-2800	037465-2800
10963	Berlin Hauptcenter	030-2159324	030-2165414
14089	Berlin-Spandau	030-36802600	030-36802601
14167	Berlin	030-8171018	030-84707213
14467	Potsdam	030-8593883	030-85961709
15517	Fürstenwalde	0172-3204952	
20148	Hamburg	040-452080	040-447697
20148	Hamburg	040-41350754 + 0172-3204952	
22043	Hamburg	040-2503064	040-2503064
22115	Hamburg	040-7157977	040-7152776
22117	Hamburg	040-7328316	
22335	Hamburg	040-5314831 + 2207877	040-5339728
22949	Ammersbek	040-6046357	
23552	Lübeck	0451-74375	0451-77586
24105	Kiel	0431-577907	0431-577907
24768	Rendsburg	04331-23638	
24860	Böklund	04623-812	04623-812

25585	Lütjenwestedt	04872-2353	04872-2024
25746	Heide-Süderholm	0481-5293	0481-5293
25938	Insel Föhr/Oldsum	04683-1010	04683-1010
26160	Bad Zwischenahn	0441-69482	0441-6919713
26382	Wilhelmshaven	04462-6789	04462-2147
26789	Leer	0491-14785	
28209	Bremen	0421-341314	0421-3478234
28779	Bremen-Blumenthal	0421-602216	0421-606524
30169	Hannover	0511-806151	0511-8093757
30974	Wennigsen	05103-2373	
33602	Bielefeld	0521-177527 + 67172	0521-177527
34119	Kassel	0561-18877	0561-18877
35041	Marburg	06421-33104	06421-33104
35398	Gießen	0641-65109	
37242	Bad Sooden-Allendorf	05652-1800	05652-2192
38100	Braunschweig	0531-2409741	0531-44431
40479	Düsseldorf	0211-4910217	0211-576958
40545	Düsseldorf	0211-5581426	0211-573774
40625	Düsseldorf	0211-281064	0221-285154
40625	Düsseldorf	0211-297028	0211-293448
40883	Ratingen	02102-67020	02102-67031
41334	Nettetal	02153-971750	02153-971752
41844	Dalheim-Rödgen	02436-339070	02436-339070
44137	Dortmund	0231-149031	0231-149031
44652	Herne	02325-47329	02325-42804
44879	Bochum	0234-9490952	0234-411175
45127	Essen	0201-231387	0201-231387
49143	Bissendorf	05402-75451	05402-75422
49661	Cloppenburg	04471-81218 + 5654	04471-81219
50939	Köln	0221-465800	0221-439778
51109	Köln	0221-843565	0221-843565
52070	Aachen	0241-151296	0241-151296
53111	Bonn	0228-698347	
55128	Mainz	0611-564777	0611-562922
55268	Nieder-Olm	06136-6798	
56130	Bad Ems	02603-9407-0	02603-3122
56130	Bad Ems	02603-2150	02603-2150
56841	Traben-Trarbach	06541-5817	06541-705120
56841	Traben-Trarbach	06541-5249	
59590	Geseke-Mönningh.	02942-78558	02942-57248
59755	Arnsberg	02932-28101	02932-26993

60323	Frankfurt	069-727193	069-727193
60329	Frankfurt	069-231750	06172-985040
60488	Frankfurt	069-76752909	
61348	Bad Homburg	06172-22011	
61350	Bad Homburg	06172-81248	06172-985040
61462	Königstein	06174-23789	06174-24539
63303	Dreieich	06103-63138	06103-63138
63741	Aschaffenburg	06021-89997	06021-89997
64283	Darmstadt	06257-85903	06257-962288
64297	Darmstadt	06151-594652	06151-594652
66111	Saarbrücken	0681-397076	0681-397076
66130	Saarbrücken	0681-871627	
66978	Leimen/Pfalz	06397-363	06397-1328
67227	Frankenthal	06233-63114	06233-69688
67227	Frankenthal	06233-61861	
67240	Bobenheim-Roxheim	06239-6390	06239-6390
68163	Mannheim	0621-4181801	0621-4181801
69226	Nußloch-Heidelberg	06224-15710	06224-919327
70173	Stuttgart	0711-221166	0711-291112
71720	Oberstenfeld	07194-911754	07194-911755
72076	Tübingen	07071-552755	07071-552756
72108	Rottenburg	07472-6722	07472-6727
72116	Mössingen-Öschingen	07473-7514	07473-7724
72818	Trochtelfingen	07124-2236	07124-2236
73033	Göppingen	0177-7717333	
73430	Aalen	0177-7717333	
73655	Plüderhausen	07181-82770	
73732	Esslingen	0711-372022	0711-379056
74078	Heilbronn	07131-484781	07131-484781
74080	Heilbronn-Böckingen	07131-42826	07131-484695
74613	Öhringen	07948-755	07948-2446
74613	Öhringen	07941-3233	
75399	Unterreichenbach	07235-980264	07235-980265
76530	Baden-Baden	07221-38100	07221-38100
76571	Gaggenau	07225-2438	07225-79538
76596	Forbach/Hundsbach	07220-989955	07220-989977
77866	Rheinau-Linx	07853-997474	
77889	Seebach	07842-2584	07842-8896
78628	Rottweil	0741-6544	
79104	Freiburg	0761-274190	
79263	Simonswald	07683-909060	07683-909062

79400	Kandern	07626-511	07626-6502
80336	München	089-537224 + 522036	089-532256
80799	München	089-2805418	089-2805417
80935	München	089-3138433	089-3130259
82284	Grafrath	08144-7693	08144-98121
82343	Pöcking	08157-7152	08157-7068
85098	Großmehring	08407-1617	08407-1617
85122	Hitzhofen	08458-37146	08458-37147
86152	Augsburg	0821-3199744	0821-3199744
86505	Münsterhausen	08281-3478	
		+ 089-6097215	089-609721551
88276	Berg	0751-48994	0751-554144
88279	Amtzell	07520-6584	07520-6584
88400	Biberach/Riss	07351-73571	07351-71753
88444	Ummendorf	07351-24821	07351-22688
89075	Ulm	0731-56297	0731-553668
89520	Heidenheim	07321-965533	07321-965533
90429	Nürnberg	0911-261090 + 356630	0911-362525
91798	Höttingen	09141-1525	
93049	Regensburg	0941-26771	
93049	Regensburg	0172-3204952	
93051	Regensburg	0941-998027	0941-9466075
93161	Sinzing	0172-3204952	
93444	Kötzting	09941-8887	09941-7194
95138	Bad Steben	09288-7587	09288-7587
96328	Küps bei Kronach	09264-1001	
97074	Würzburg	09771-5113	09771-5113
99423	Weimar	0177-3132170	
99817	Eisenach	03691-612371	03691-612372
		+ 0177-3132170	

Falls Sie hier keine Adresse eines geeigneten Lehrinstitutes in Ihrer Nähe finden, wenden Sie sich bitte an die nationale Zentrale für Transzendentale Meditation:

─────────── SAMHITA ───────────

Gesellschaft zur Förderung von Maharishis Vedischer Wissenschaft
in Deutschland mbH
Am Berg 13, D - 49143 Bissendorf
Tel.: 01805-216421, Fax: 01805-216422

Informationsmaterial und Beratung sind kostenlos.

WEITERE ADRESSEN IM DEUTSCHSPRACHIGEN RAUM

ÖSTERREICH
Österreichische Gesellschaft für Maharishis Vedische Wissenschaft,
A-1010 Wien, Biberstr. 22/Mezz, Tel. 0043-1-5127859, Fax 5139660

SCHWEIZ
IMS, CH- 6377 Seelisberg, Postfach 8, Tel. 0041-41-8205203,
Fax –8205273

ITALIEN
I-39012 Meran, Montaniweg 3 b, Tel.+Fax 0039-047-211102

INTERNATIONALE ADRESSEN

EUROPA
Maharishi Vedic University, Station 24, NL - 6063 NP Vlodrop,
The Netherlands

ASIEN
Maharishi Ved Vigyan Vishwa Vidya Peeth,
Maharishi Nagar (near Delhi), 201307, UP, India

AUSTRALIEN
Maharishi Vedic College, P.O.Box 81,
Bundoora, VIC 3083, Australia

LATIN AMERICA
Capital de la Administración Global,
Maharishi a través de la Ley Natural,
para Zona Iloraria 9 en América Latina,
P.O.Box 50.929, Santiago, Chile

USA
MVED (Maharishi Vedic Education Development),
Communications Office
225 Whispering Hills Road, Boone, North Carolina 28607, USA
Internet: mum.edu oder maharishi.org oder tm.org

Die Arbeit an diesem Buch hat uns viel Freude gemacht und unsere
Einsicht in die Geheimnisse des Lebens vertieft.

Viele Menschen haben dazu beigetragen, dass aus der Idee
eine Realität wurde.

Wir danken allen von ganzem Herzen.

Besonders dankbar sind wir

•

Maharishi Mahesh Yogi, für Wissen und Erfahrung vom
inneren Arzt, der kosmischen Heilkraft, die jeder Mensch an der Quelle
seiner Gedanken finden kann,

•

unseren Frauen, Gerda und Karina, und unseren Kindern,
die uns mit viel Geduld und Einfühlungsvermögen immer unterstützten,

•

Michael Hübener, für das Lektorat und wertvolle Informationen,

•

Thomas Klein und Norbert Wobbe für die unermüdliche Inspiration
und wichtige inhaltliche Anregungen,

•

unserem Verleger, Herrn Kamphausen, und seinen Mitarbeitern
für die engagierte Bearbeitung des Manuskripts und seine Umsetzung
in der vorliegenden Form,

•

Klaus Fischer für die Überlassung von Abbildungen.

Unserer ganz besonderer Dank gilt schließlich unseren Patienten für die
tiefen Einsichten in die Heilkraft der Natur, die wir durch ihr Vertrauen
gewinnen konnten.

WEGE ZUM SELBST

Raphael offenbart in seinen Werken Wesen und Essenz des östlichen und des westlichen Weges zum Selbst.

Raphael
Yoga – Initiationswege
zum Transzendenten
135 Seiten
ISBN 3-933496-02-0
Best.Nr.: 040102

Raphael
Advaita Vedanta –
der Weg der
Nicht-Dualität
150 Seiten
ISBN 3-933496-36-5
Best.Nr.: 040136

Raphael
Die Quellen des Lebens
Fragen und Antworten
auf dem Weg zu ewiger
Glückseligkeit
168 Seiten
ISBN 3-933496-32-2
Best.Nr.: 040132

**„Aus der tiefsten
Hoffnungslosigkeit in die
Einheit mit dem Universum!"
Das ist ihr Leben.
Das ist ihre Botschaft.**

Christin Lore Weber
& Byron Katie
Schrei in der Wüste –
das Erwachen der
Byron Katie
ca. 220 Seiten
ISBN 3-933496-43-8
Best.Nr.: 040143

**Kaum ein Buch
vermittelt so unmittelbar,
was einen Erleuchteten
von einem
Nichterleuchteten
unterscheidet.**

Stephen Jourdain
& Gilles Farcet
**Einsichten eines
erleuchteten
Kettenrauchers**
208 Seiten
ISBN 3-933496-39-X
Best.Nr.: 040139

**Suzanne Segal
beschreibt den Verlust ihres
persönlichen Selbst – im Westen
pathologisiert wird es in der
östlichen Tradition als
Erleuchtung bezeichnet.**

Suzanne Segal
**Kollision mit der
Unendlichkeit**
Ein Leben jenseits
des persönlichen Selbst
220 Seiten
ISBN 3-933496-30-6
Best.Nr.: 040130

J.Kamphausen

Bekannte Persönlichkeiten berichten über Erfahrungen

Professor Dr. Erich Häussler, Präsident des Deutschen Patentamts a.D.: „Ich übe die Transzendentale Meditation (TM) seit 5 Jahren regelmäßig aus. Ich halte sie für eine der bedeutendsten Innovationen der Gegenwart."

Hidetetsu Tomoyori, Inhaber des Guiness Weltrekords im Zahlenerinnern: „TM ist großartig, weil sie so einfach ist und effektive Entspannung gibt. TM hat meine Konzentration verstärkt und hilft mir, tief zu schlafen."

Jakob von Uexküll, Begründer des Alternativen Nobelpreises: „Ich kann mir nicht vorstellen, dass ich diese Reiserei und die Arbeit schaffen könnte ohne TM."

Dr. Kenneth Eppley, Forscher am Stanford Research Institute in den USA: „Transzendentale Meditation erweist sich klar als die effektivste Meditationsmethode überhaupt, um Stress und Angst zu überwinden."

Nena, deutsche Schlagersängerin: „Nach jeder Meditation breitet sich Ruhe in mir aus. Das ist die Gelassenheit, nach der ich mich schon immer gesehnt habe."

Barbara Rütting, Schauspielerin und Buchautorin: „TM ist eine wirkungsvolle Methode, negative Tendenzen im gesellschaftlichen Leben in positive Entwicklungen umzukehren."

Hannelore Elsner, Schauspielerin: „TM ist etwas sehr Wichtiges für mich. Sie hilft mir sehr, ins Gleichgewicht zu kommen und mich zu regenerieren."

Donovan, englischer Popsänger. „Ich übe die Transzendentale Meditation schon seit langem aus."

Adele Landauer, Schauspielerin: „Ohne TM würde ich die Anforderungen bei den Dreharbeiten gar nicht durchstehen. Man kommt in der Meditation wieder ganz zu sich. Alle Aufregungen fallen von einem ab."

Thomas Koschwitz, Showmaster: „Mit TM gelingt es mir, die vielen Dinge, die sich in meinem Kopf ablagern, aufzuarbeiten, ohne dass ich mich dabei groß anstrengen muss. Das möchte ich nicht mehr missen."